凝聚隧道及地下工程领域的
先进理论方法、突破性科研成果、前沿关键技术，
记录中国隧道及地下工程修建技术的创新、进步和发展。

中国隧道及地下工程修建关键技术研究书系
银西高铁黄土塬隧道修建技术研究丛书

软塑黄土
隧道修建技术研究与实践

RESEARCH AND PRACTICE OF SOFT PLASTIC LOESS
TUNNEL CONSTRUCTION TECHNOLOGY

刘 赪 徐冬青 刘韫鑫 刘俊平 等 编著

人民交通出版社股份有限公司
北 京

内容提要

本书为"银西高铁黄土塬隧道修建技术研究丛书"之一,基于银西高铁隧道工程研究成果和实践经验,系统总结了黄土塬区隧道修建技术。

本书通过现场调查、原位测试、土工试验、数值分析等方法,系统研究了软弱黄土围岩含水率特性、大断面隧道支护结构受力特性及变形规律,并基于工程实践,形成了地表深孔降水、超前深孔注浆改善围岩特性、软塑黄土隧道基底处理以及快速施工等关键控制技术。

本书可供从事隧道及地下工程的专业技术人员参考,也可供高等院校相关专业师生学习。

图书在版编目(CIP)数据

软塑黄土隧道修建技术研究与实践 / 刘㻛等编著. — 北京:人民交通出版社股份有限公司,2022.8
ISBN 978-7-114-18098-9

Ⅰ.①软⋯ Ⅱ.①刘⋯ Ⅲ.①铁路隧道—土质隧道—隧道施工 Ⅳ.①U459.1

中国版本图书馆 CIP 数据核字(2022)第 123088 号

Ruansu Huangtu Suidao Xiujian Jishu Yanjiu yu Shijian

书　　名:	软塑黄土隧道修建技术研究与实践
著 作 者:	刘　㻛　徐冬青　刘韫鑫　刘俊平　等
责任编辑:	谢海龙
责任校对:	席少楠　卢　弦
责任印制:	刘高彤
出版发行:	人民交通出版社股份有限公司
地　　址:	(100011)北京市朝阳区安定门外外馆斜街 3 号
网　　址:	http://www.ccpcl.com.cn
销售电话:	(010)59757973
总 经 销:	人民交通出版社股份有限公司发行部
经　　销:	各地新华书店
印　　刷:	北京印匠彩色印刷有限公司
开　　本:	720×960　1/16
印　　张:	16
字　　数:	310 千
版　　次:	2022 年 8 月　第 1 版
印　　次:	2022 年 8 月　第 1 次印刷
书　　号:	ISBN 978-7-114-18098-9
定　　价:	90.00 元

(有印刷、装订质量问题的图书由本公司负责调换)

委员会

丛书编写委员会

主 任 委 员：马新民　唐国荣
副主任委员：刘俊平　刘　赪　谢君泰
委　　　员：(按姓氏笔画排序)
　　　　　　于　丽　孔纲强　叶万军　米维军　张虎元　巫锡勇
　　　　　　来弘鹏　蒋雅君

本册编审委员会

主 任 委 员：刘　赪　徐冬青　刘韫鑫　刘俊平
副主任委员：谢君泰　张虎元　来弘鹏　于　丽　米维军　孔纲强
　　　　　　巫锡勇　郭小雄
委　　　员：(按姓氏笔画排序)
　　　　　　于　介　于子洋　王石磊　王成龙　王成祥　白明禄
　　　　　　宁　睿　孙国庆　李永红　杨长青　张　亮　张国华
　　　　　　张晓宇　苗学云　范存斌　屈　瀑　赵　波　赵鸿志
　　　　　　夏万云　谢经臣
审稿专家：　张民庆　答治华　林传年　孟祥连　任诚敏　王明年
　　　　　　刘汉龙　刘俊成　赵　平　刘仲仁　令永春　马伟斌
　　　　　　巨小强　毕焕军　邓启华　彭　峰　孔宪斌　魏绍刚
　　　　　　杨会军

前言

受地质构造及黄土成因的影响，陇东黄土塬区中更新统 Q_2 黄土层中广泛分布着软塑黄土。软塑黄土具有含水率高、强度低、自稳能力差等工程特点，因此在软塑黄土地层隧道施工中面临风险高、危害大等诸多难点，极易发生安全事故。目前，该领域的研究主要局限于对黄土塬区的地质构造、地质成因、浅层地层的工程性质及地表工程建筑等方面，缺乏对深层大断面隧道穿越黄土塬时面临的水文地质问题、工程特性问题的深入研究。

本书依托银西高铁董志塬区软塑黄土隧道工程建设，通过现场调查、原位测试、土工试验、数值分析等方法，系统研究了黄土塬区深层水文地质特性，构建了关键工程地质参数体系，基于黄土塬区不同地层与隧道的空间关系，确定了不同类型空间关系中大断面隧道的工程性质；通过确定黄土塬区软塑黄土围岩在自稳状态下的含水率界限值及其影响范围参考值，形成了通过洞内外超前降、排水措施来达到围岩含水率界限标准的控制技术，优化了大断面隧道穿越软塑黄土层时的支护结构设计参数与施工技术，创新了隧道基底施工工艺。以上研究成果不仅指导了银西高铁黄土塬软塑黄土隧道的成功建设，也为类似地质条件下的隧道工程提供了参考。

本书共分9章：第1章介绍了研究背景与意义、依托工程概况及研究现状；第2章介绍了董志塬区域地质特征；第3章研究了软塑黄土围岩含水率特性；第4章研究了软塑黄土层大断面隧道支护结构受力特性；第5章分析了软塑黄土层大断面隧道变形规律;第6章介绍了地表深孔降水技术;第7章介绍了超前深孔注浆技术;第8章介绍了软塑黄土隧道基底处理技术;第9章介绍了软塑黄土隧道施工关键技术。

  本书可作为黄土塬区隧道施工人员的指导用书。限于作者水平和能力,书中难免存在不足和疏漏之处,恳请各位专家和读者批评指正。

作 者
2021 年 12 月

目录

第1章 绪论　　1

1.1 研究背景与意义　　3

1.2 依托工程概况　　4

1.3 研究现状　　8

第2章 董志塬区域地质特征　　13

2.1 地形地貌　　15

2.2 区域地质构造　　19

2.3 气候　　20

2.4 地层　　20

2.5 水文地质特征　　23

第3章 软塑黄土围岩含水率特性　　29

3.1 隧道围岩含水率测试及变化规律　　31

3.2 软塑黄土围岩自稳状态下界限含水率及水压力稳定性　　37

第4章　软塑黄土层大断面隧道支护结构受力特性　　61

4.1　现场监测布置及结果分析　　63

4.2　穿越软塑黄土层大断面隧道支护结构数值计算分析　　81

4.3　实测值与计算值对比分析　　93

第5章　软塑黄土层大断面隧道变形规律　　99

5.1　软塑黄土空间分布变化特征　　101

5.2　现场变形监测数据及分析　　102

5.3　数值模拟及分析　　107

5.4　软塑黄土围岩变形规律特点　　123

第6章　地表深孔降水技术　　127

6.1　地表降水试验井布置　　129

6.2　软塑黄土渗透性试验　　130

6.3　深孔降水中软塑黄土围岩水分运移特征数值分析　　132

6.4　地表深孔降水改善围岩含水率效果分析　　138

第7章　超前深孔注浆技术　　153

7.1　地表深孔注浆改善围岩特性　　155

7.2　掌子面超前帷幕注浆改善围岩特性　　161

7.3　超前深孔注浆效果分析　　163

第8章　软塑黄土隧道基底处理技术　　175

8.1　隧道基底浆固碎石桩加固技术　　177

8.2 隧道基底袖阀管注浆技术　　194

第9章　软塑黄土隧道施工关键技术　205
9.1 快速施工关键技术　　207
9.2 防排水施工关键技术　　224

参考文献　239

第 1 章

绪论

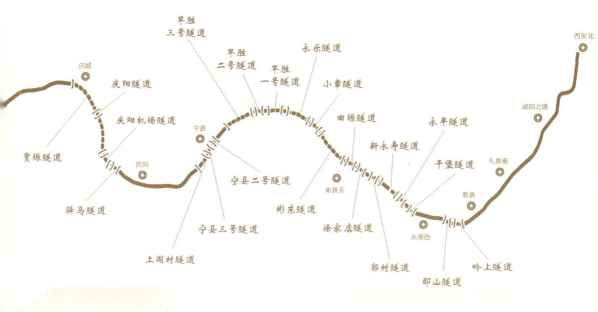

1.1 研究背景与意义

1) 研究背景

我国是世界上黄土分布最广的国家,黄土总面积约 63.5 万 km^2,占国土总面积的 6.3%。黄土主要分布在我国秦岭以北的华北和西北地域,呈东西走向和带状分布。黄土是一种特殊性质的土体,时代成因及含水率的不同致使其力学性质差异较大。由于分布的广泛性和典型的工程特性,黄土历来受到学术界和工程界的重视。

银西高铁全长 617.05km,自东南向西北依次穿越咸阳塬、长武塬、早胜塬、董志塬等几大典型的黄土塬时,受地形所限及站位控制,隧道工程难以避免地穿越湿陷性黄土层、软塑黄土层、古土壤层、红黏土膨胀层以及长段落不同岩性接触带等,隧道段落总长约 146.71km,穿越黄土地层隧道段落总长约 115.19km(图 1-1),存在着隧道断面大、数量多、段落长、地质条件复杂等特点,给隧道修建带来了极大的困难。

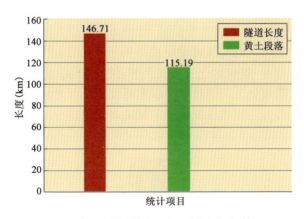

图 1-1 银西高铁穿越黄土地层隧道段落统计情况

2) 研究意义

作为鄂尔多斯台地的一部分,甘宁黄土高原以中生代古地貌盆地为基础,在长达 200 万~300 万年的长期沉积中形成了典型的第四纪早更新统(Q_1)和中更新统

(Q_2)深厚的原生黄土。在晚更新统(Q_3)时期,受地质构造运动影响,区域发生了台地间歇性上升,在雨水汇集、河流、洪水等的溯源侵蚀作用下逐渐被切割,形成了塬面与塬底高程差达到 257~330m 的黄土台塬地貌单元。受地质构造及黄土成因的影响,黄土塬区广泛分布着湿陷性黄土层、软塑黄土层、黄土古土壤层、红黏土膨胀地层,以及长段落不同岩土的接触层等特殊的水文地质层。研究现状表明,以往研究大多局限于黄土塬区的地质构造、地质成因、浅层地层的工程性质及地表工程建筑等方面,缺乏对深层大断面隧道穿越黄土塬时面临的水文地质问题、工程特性问题等方面的研究。

该区域中更新统(Q_2)黄土层上部土质颗粒较粗,结构疏松,孔隙裂隙发育,是主要的含水层,也是地下水的储存空间和运移通道;下部由于黏质黄土多,压缩程度较高,透水性较差,为相对隔水层。这种特殊地层组合使得地下水汇集于隔水层之上一定范围内,该范围黄土浸水软化达到软塑状态,往往呈层状分布于地下水位线附近。由于软塑黄土具有含水率高、强度低、自稳能力差等工程特点,软塑黄土地层隧道施工风险高、危害大,极易发生施工灾害,主要表现形式为变形过大侵限、初期支护喷层开裂、钢拱架扭曲、拱脚失稳和仰拱底鼓等,局部地段甚至发生塌方现象,不仅严重影响了施工安全和质量,同时也对后期运营造成了不利影响。现阶段还没有关于软塑黄土隧道建设的系统性研究,针对穿软塑黄土层大断面隧道修建尚无经验可循。

因此,有必要结合银西高铁甘宁段穿越黄土塬区的上阁村隧道和驿马隧道的施工建设,开展软塑黄土围岩含水率特征、软塑黄土地层大断面隧道支护结构受力特性以及软塑黄土地层大断面隧道变形规律的研究工作;并在此基础上研究地表深孔改善围岩特性技术、超前深孔注浆改善围岩特性技术、软塑黄土隧道基底处理技术以及软塑黄土隧道施工关键技术。以上研究成果可为银西高铁黄土塬区隧道施工建设以及其他类似工程建设提供技术保障和支撑。

1.2 依托工程概况

银西高铁甘宁段主要位于高原型黄土塬及黄土梁峁区、董志塬黄土台塬及沟壑区。董志塬地区的年平均降水量约为 534mm,年最大降水量约为 817.6mm,降雨是地下水唯一的补给来源。由于中更新统黄土层结构疏松，黄土颗粒较粗，垂直裂隙发育，加之黄土层中夹的黄土古土壤为相对隔水层，为地下水的运移、渗透及储存提供了良好的条件，形成软塑黄土层夹层带。

其中，上阁村隧道和驿马隧道长段落穿越含水率较高的软塑黄土层，为全线Ⅰ级高风险隧道，其通过软塑黄土地层段落的长度统计情况如图1-2所示。

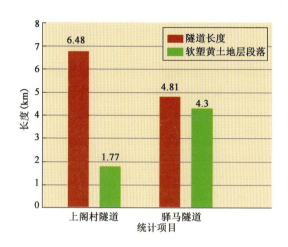

图1-2　隧道长度和软塑黄土地层段落统计情况

1）上阁村隧道

上阁村隧道位于甘肃省庆阳市宁县境内，是银西高铁的控制性工程之一。受地形地貌及线路方案控制，隧道上塬以单面坡通过，起讫里程 DK207+517～DK214+000，全长6483m，隧道最大埋深约102m，出口最小埋深约5.5m，为一座单洞双线隧道，隧道纵坡为2.5‰。隧道洞身 DK210+567～DK211+350 段，拱部、洞身呈软塑状态黏质黄土；DK211+350～DK212+250 段，基底分布软塑状态黏质黄土，围岩稳定性差。上阁村隧道地质剖面如图1-3所示。

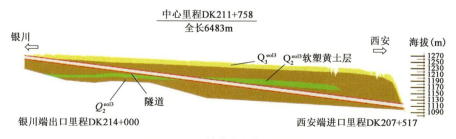

图1-3　上阁村隧道地质剖面示意图

（1）地形地貌

上阁村隧道穿越黄土塬区，以董志塬为主体，董志塬地形平坦开阔，由塬面中心向四面缓倾，西高东低，地面高程1030～1280m，相对高差约250m。塬边沟壑发育，支沟下切较深，多为V形，两岸边坡高陡，多发育滑坡、错落、溜坍和黄土陷穴等不良地质现象，重力地貌特征明显。

（2）地层岩性

上阁村隧道穿越的主要地层为第四系全新统溜坍堆积层、冲积黏质黄土、上更新统和中更新统风积黏质黄土。其中，黏质黄土（Q_2^{eol3}）分布于黄土塬表层和上更新统地层下部，为隧道洞身的主要地层，以棕黄色～褐黄色为主，厚度大于150m，成分以粉粒为主，土质均匀，针状孔隙发育，土体较致密，具有直立性。夹有多层黄土古土壤层，可见白色钙质菌丝，底部常具姜石层，硬塑，Ⅳ级围岩；水位线附近分布一层软塑状黄土，呈层状分布，Ⅴ级围岩。

（3）水文地质特性

①地表水分布特征：上阁村隧道进口无地表水体，出口为董志塬黄土塬面。进口流量为7.42L/s，其余冲沟总体旱季，流量较小，部分支沟上游无径流，雨季流量较大，遇暴雨可引发较大洪水。

②地下水类型及分布特征：上阁村隧道地下水类型主要为第四系松散层孔隙潜水，分布于黄土塬上部，含水层主要为中更新统黄土。黄土层既具有松散层孔隙潜水的一般特征，又具有裂隙水的水力性质，该层颗粒较粗，结构疏松，孔隙率高，是黄土塬区主要的含水层，也是地下水的储存空间和运移通道。地下水位线位于洞身以上，其埋深受降雨量、黄土塬面大小、地形切割和黄土层厚度等因素的控制。根据钻孔资料及塬区水井调查，黄土塬地下水水位埋深50～70m，含水层厚度在勘探深度内为10～30m。隧道通过地段黄土塬面积完整、开阔，在黄土塬中心地下水赋存条件相对较好，水位埋深浅；在沟谷切割较深地段，地表水及地下水排泄条件较好，地下水赋存条件相对较差。

DK207+517～DK208+200进口段位于黄土塬冲沟边，地形破碎，地下水位埋深大，洞身位于地下水位以上。雨季施工可能会出现渗水、滴水现象，总体以弱富水为主。

DK208+200～DK211+750大多位于黄土台塬及冲沟边缘地带，为弱富水区，地下水位埋深40～75m，洞身位于地下水位以下。水文测井结果表明，地下水位高出洞身5～20m，局部处于含水层中。虽然该段评价为弱富水，但该段黄土层含水，施工时可能出现突涌水及突泥现象。

DK211+750～DK214+300出口段位于黄土台塬上，洞身位于地下水位以上；

雨季施工可能会出现渗水、滴水，总体以贫水为主。

③地下水补、径、排特征：区内第四系松散层孔隙潜水补给主要为大气降水的垂直入渗、地表水的侧向、下渗补给。黄土塬发育深切沟谷，含水层均被切穿而形成互为相对独立的水文地质单元，孔隙水流向严格受到地形地貌的控制，一般与区内地形坡度相一致，地下水最终排泄至附近冲沟、河流。

2）驿马隧道

驿马隧道位于甘肃省庆阳市西峰区彭原乡，全长4806m，其中洞身位于地下水位及软塑黄土影响段（约3700m），通过软塑夹层段落 DK255+550~DK257+650（约2100m），为目前国内穿越软塑黄土地层最长的隧道工程。驿马隧道地质剖面如图1-4所示。

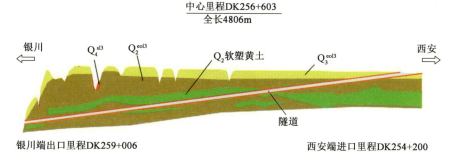

图1-4 驿马隧道地质剖面示意图

（1）地形地貌

驿马隧道行走于黄土梁塬沟壑区，地面高程1270~1430m，相对高差约160m，南侧塬面缓平，北侧冲沟发育，多为V形沟。

（2）地层岩性

驿马隧道穿越的主要地层为第四纪中更新统黏质黄土。黏质黄土（Q_2^{eol3}）分布梁塬中部，褐黄色和棕黄色为主，厚度大于150m，成分以粉粒为主，土质均匀，针状空隙发育，土体较致密，具直立性；夹有多层黄土古土壤层，可见白色钙质菌丝，底部常具姜石层，局部软塑，Ⅲ级围岩。

（3）水文地质特性

①地表水分布特征：隧道进口于董志塬黄土塬面上，无地表水体，出口位于驿马沟，驿马沟流量为715m³/d，其余冲沟总体旱季流量较小，部分支沟上游无径流，雨季流量较大，遇暴雨可引发较大洪水。

②地下水特征：隧道区地层主要为第四系全新统冲积黏质黄土、粗细圆砾土、

上更新统、中更新统风积黏质黄土。隧道区地下水类型主要为第四系松散层孔隙潜水,主要分布于黄土塬上部,含水层主要为中更新统黄土,黄土层既具有松散层孔隙潜水的一般特征,又具有裂隙水的水力性质,该层颗粒较粗,结构疏松,孔隙率高,是黄土塬区主要的含水层,也是地下水的储存空间和运移通道。根据钻孔资料及塬区水井调查,黄土塬地下水水位埋深 40~75m,黄土梁峁地区大于100m,冲沟地下水埋深 5~20m,根据钻孔勘探资料,黄土塬区在 1369.2~1352.4m、1351.7~1312m 高程段,黄土为软塑,该段黄土含水,勘探孔深度范围内含水层厚 20~40m。隧道大部分通过地段黄土塬面积完整、开阔,在黄土塬中心地下水赋存条件相对较好,水位埋深浅;在沟谷切割较深地段,地表水及地下水排泄条件较好,地下水赋存条件相对较差。

③地下水补、径、排特征

驿马隧道区域内地下水补、径、排特征与上阁村隧道基本一致,不再赘述。

1.3 研究现状

近年来关于大断面黄土隧道的研究,国内学者从隧道围岩变形规律、支护结构受力特性、围岩含水率对隧道施工的影响,以及大断面隧道施工技术等方面开展了相关研究工作,取得了大量的宝贵成果,成功解决了其修建过程中面临的一系列难题。

(1)隧道结构受力体系研究

针对隧道围岩和支护体系变形及受力特性方面,国内学者进行了大量的研究工作。赵东平等统计分析了大断面黄土隧道初期支护变形量,研究了大断面黄土隧道变形规律及预留变形量合理取值范围。孟德鑫和谭忠盛以宝兰高铁西坡隧道现场施工为信托,通过现场设置试验断面进行试验量测,研究了支护结构的受力规律,分析了三台阶临时仰拱法、合理选定开挖进尺、超前支护、拱脚变形控制和仰拱封闭距离控制等隧道变形控制技术的实施效果。梁小勇等以兰渝铁路黄土隧道工程为依托,采用室内模型试验研究深埋大断面黄土隧道失稳机理。王春浩基于唐家塬超大断面黄土隧道工程实例,采用常用的五种围岩压力计算方法分别计算了围岩压力,并与实测值进行了对比分析,得出了现场实测围岩压力与太沙基理论计算结果基本吻合的结论。王明年等依托郑西高铁大断面深埋黄土隧道洞群,进行现场围岩压力量测试验,得到不同黄土地层的围岩压力,发现围岩压力沿隧道全断面分布相对较为均匀,推荐采用太沙基理论计算大断面深埋黄土隧道的围岩压力量值。周烨结合在建铁路黄土隧道,采用数值模拟,分析了大断面黄土隧道在不同初期支护时机情况下,支护结构、围岩受力状态和力学行为变化情况,以控制围岩变形为核心,对大断面黄土隧道初期支护施作时机的选择给出了合理的建议,总结出了黄土隧道初期支护受力规律。郭军等以郑西高铁为依托工程,研究了大断面黄土隧道中系统锚杆的作用,通过理论推导,阐明了锚杆的作用机制,指出了浅埋大跨度黄土隧道中锚杆的受力原因,其研究结果表明浅埋黄土隧道中拱部系统锚杆的锚固效果较弱,而边墙部锚杆的锚固效果显著。席浩等为研究第三纪砂质黄土条件下的大断面隧道施工变形控制技术,以宝兰高铁大断面黄土隧道工程为依托,通过 Midas 数值模拟软件对比分析不同仰拱封闭距离引起拱顶沉降实测数据,阐述了大断面黄土隧道施工变形规律。李波等针对大断面黄土隧道的工法适用性问题,依托郑西高铁潼洛川隧道和高桥隧道等,开展了大断面黄土隧道中的交叉中隔墙法(CRD 法)、双侧壁导坑法、中隔壁法(CD 法)、预留核心土法及双层支护台阶法 5 种工法的试验,通过现场试验测试及数据分析,研究了不同试验工法下的力学特性和变形特征。

(2)含水率对黄土隧道的影响

目前针对含水率对黄土隧道的影响研究主要集中在含水率对黄土强度、隧道稳定性方面,同时伴随重大工程建设,也存在少数高含水率隧道工程的系统研究。党进谦和李靖分析了非饱和黄土强度的组成和结构强度的来源,给出了结构强度的确定方法,同时研究了结构强度的变化规律。李保雄等通过多断面勘测,采用不同的原位及室内试验方法,论述了兰州马兰黄土水理性质和抗剪强度的变化规律,划分了兰州马兰黄土类脆性变形和类塑性变形的界限,提出了兰州马兰黄土的多项临界指标参数。米海珍等对兰州原状黄土不同剪切方位、不同含水率试样进行了一系列常规三轴不固结不排水剪切试验研究,分析了含水率和剪切方位对兰州马兰黄土剪切强度参数的影响,得出了原状黄土的黏聚力和内摩擦角并不是一个常数,提出了黏聚力、内摩擦角与含水率的关系表达式。刘春、丁力以马兰黄土为例,对非饱和黄土的强度特性进行了常规三轴试验研究,根据试验结果,提出了非饱和黄土的吸力强度与饱和度之间的非线性关系表达式,并证实了非饱和黄土抗剪强度与含水率之间存在指数函数关系。王耀东、陈福江以张茅隧道为研究对象,开展对施工阶段和运营阶段过程中地下水的变化对隧道结构稳定性影响的预见性研究。张志勇针对祁家大山隧道运营过程中出现的现象,通过建立数学模型，对非饱和黄土隧道的受力特性进行了研究，提出非饱和黄土隧道力学性态的演变主要取决于土的基质吸力变化。针对高含水率黄土隧道研究，郑西高铁、宝兰高铁是世界上在黄土地区修建成功的高铁隧道，其中"宝兰客专高含水率黄土大断面隧道关键技术研究"和相关文献对宝兰高铁高含水率黄土大断面隧道的变形控制、围岩压力、台阶法施工技术参数以及软弱地基处理等方面进行了总结。

(3) 软塑黄土隧道研究

针对软塑黄土隧道的研究，国内学者做了一些工作。孟祥莲等通过对银西高铁董志塬段大量综合勘探试验资料的统计分析研究，阐明了董志塬段的黄土工程特性和存在的主要工程地质问题，提出了合理的应对措施，为黄土塬地区铁路建设提供技术借鉴。张晓宇以银西高铁驿马隧道为研究对象，首次在软塑黄土隧道中开展了地表超前降水试验研究；结果表明，地表降水改善了黄土的物理性质，提高了黄土的围岩稳定性。赖金星等以西宁过境高速大有山黄土隧道为依托，采用精密水准仪和收敛计对隧道地表下沉、拱顶下沉和水平收敛进行了系统现场测试，分析了软弱黄土隧道的变形规律。牛天武通过对神延铁路羊马河隧道和七楞山隧道的软塑状黄土的研究，结合隧道塌方段的施工，总结了小管棚结合管桩快速通过软塑状土质隧道及土质隧道塌方地段的施工经验。常伟通过介绍某泥质砂岩高速公路隧道掘进方案，分析了所采用的三台阶七步流水作业法，论述了监控量测方案及要求，对类似工程施工提供了参考和借鉴。刘志强、严松宏针对某一特定黄土隧道的地基承载力试验，得到树根桩加固效果的评价；论述了采用现场试验的方法来确定特定条件下的加固效果以及设计参数的合理性。龚彦峰等基于FEM-FDM水土完全耦合理论，利用同济曙光三维有限元软件，分析了珠海某隧道软土区段局部加固对盾构施工引起土体工后长期固结沉降的影响规律。

目前，世界上在黄土地区建成的高速铁路只有我国的郑西高铁和宝兰高铁。这两条高铁关于黄土的湿陷性及湿陷变形评价方法主要建立在对浅层黄土湿陷性认识的基础上，而《湿陷性黄土地区建筑规范》(GB 50025—2018)以工业、民用建筑的湿陷性黄土地基为主要对象，其适用范围不包括边坡工程和地下工程。我国在黄土隧道相关的设计和施工中仍然主要采用经验方法，还没有形成一套较为成熟的黄土地层设计和施工的相关理论。一些诸如围岩压力取值与规范差异较大、支护结构受力与设计不符、常规施工工法不适用、施工塌方多与地形有关、防排水系统使用寿命有限等科学和工程问题仍困扰着黄土隧道的建设与使用。

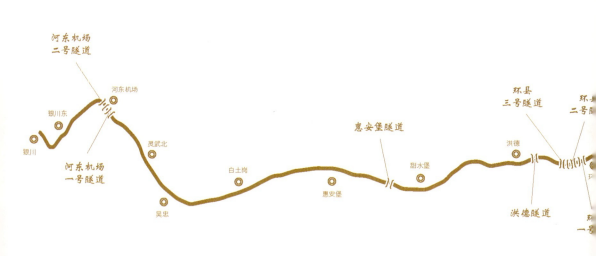

第 2 章
董志塬区域地质特征

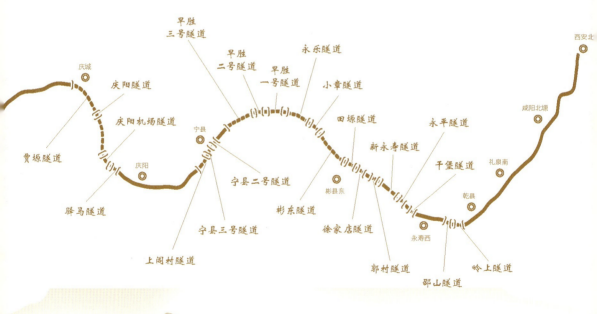

董志塬是黄土高原最大的一块塬面,位于庆城县南部、西峰区全域、宁县和合水县西部,塬面面积 910km²。本章主要从陇东区域地形地貌、区域地质构造、气候、地层、水文地质特征等方面对董志塬区域内特殊的地质特征进行论述。

2.1 地形地貌

陇东在自然地理区划上属黄土高原中部的陇东黄土高原,是一周边有群山环绕的盆地型高原。陇东盆地黄土地貌类型分别为残垣发育的黄土梁峁、黄土丘陵、黄土低山丘陵、基岩低山丘陵、滑坡发育的黄土梁峁、掌形地发育的黄土梁以及河流谷地。根据地貌的成因类型,对区内地貌类型的划分见表 2-1。陇东盆地地貌如图 2-1 所示。

陇东盆地地貌类型划分表　　　　　　表 2-1

成因类型	地貌类型
剥蚀侵蚀堆积	基岩低山丘陵
	黄土低山丘陵
	黄土塬
	掌形地发育的梁峁沟壑
侵蚀堆积	残塬发育的梁峁沟壑
	滑坡发育的梁峁沟壑
	河流谷地

陇东地区位于泾、洛河中下游,东至子午岭、南临泾河、西接六盘山、北至白于山分水岭。陇东地区是全球黄土层连续分布最完整、面积最广、厚度最大的地区。陇东地区几乎全被黄土覆盖,仅在较大的河谷两侧有基岩出露。黄土塬被流水侵蚀切割得支离破碎,形成残塬、梁、峁和沟川地貌。陇东地区黄土沉积后,侵蚀切割较强烈,形成深切沟谷与连绵起伏的梁峁相间的地形特征,地貌形态较为单一,按其形态可主要划分为黄土塬区、黄土梁峁区和河谷阶地区。

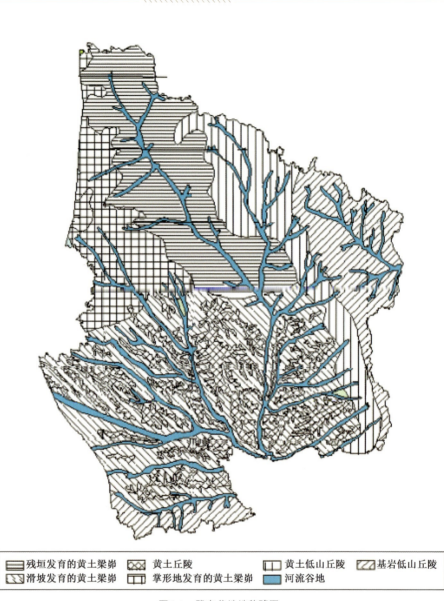

图例			
▭ 残垣发育的黄土梁峁	▨ 黄土丘陵	▯ 黄土低山丘陵	▧ 基岩低山丘陵
▨ 滑坡发育的黄土梁峁	▦ 掌形地发育的黄土梁峁	▬ 河流谷地	

图 2-1　陇东盆地地貌略图

1) 黄土塬区

图 2-2 为陇东黄土塬区分布示意图。

黄土塬是中间宽广而平坦、四周沟谷深切的大型台地。黄土塬实质上是被厚层黄土覆盖着的新近纪的剥蚀面。陇东地区中部的董志塬在西峰区南董志一带发育良好，在我国保存最完整，而且面积最大，董志塬基本地形地貌如图 2-3 所示，面积约为910km²,最小的为唐塬,面积约为19.5km²。塬面形态不一,但其长轴方向与塬侧水系方向平行,总体"布局"呈散射状。塬面海拔的变化同河谷海拔的变化有一致性,总的规律是近盆地边缘部位较高,近盆地中心部位较低,即塬面高程有由西、北、东三面向盆地中心逐渐降低的变化规律。塬面平坦宽阔,微向东南倾斜,黄土塬外围分布黄土残塬及梁峁沟壑区,黄土塬的基底为第三系泥岩。

图2-2 陇东黄土塬分布示意图

2) 黄土梁峁区

黄土梁是由黄土组成的一种长条形高地;黄土峁是一种由黄土构成的圆顶山丘。黄土梁峁区主要指子午岭以西、合道川以北、山城—罗山川—虎洞—何坪一线以东的区域,主要分布在环江河和柔远河流域,梁峁连绵、沟壑纵横、地形起伏很大,高程在1100~1600m之间。

图 2-3 董志塬基本地形地貌

黄土梁峁为陇东地区的主要地貌形态,沟梁相间,梁以中长梁为主,呈 NE 和 NW 走向,梁长 1000～3000m,顶宽 100～200m,由梁顶向两侧缓倾,谷坡 30°～45°,峁如呈浑圆状,峁坡 15°～25°。沟谷切割深度 100～250m,沟道长度 2000～2500m。梁峁的分布受现代水系控制,沟谷切割多嵌入至基岩,由沟源向下游逐渐张开。

3) 河谷阶地区

河谷川道比较发育,且较平坦开阔,河谷中主要发育一级、二级阶地,三级阶地局部残存,以一级阶地最为发育,沿河流呈不对称和断续分布。河漫滩主要分布于各河下游,滩面前缘高出河水面 0.3～1.0m,滩面平坦,一般宽 50～100m,最宽处可达 150～200m,以小于 1°的倾角微向河床倾斜。

（1）一级阶地（Ⅰ）

各河流均有分布,由于水流侵蚀切割程度不一,又可分为堆积阶地和基座阶地。阶面平坦,宽窄不一,一般宽 10～300m,最宽可达 500～1000m,以一向河床倾斜,前缘高出河床 3～10m 不等,为主要耕作区。

（2）二级阶地（Ⅱ）

断续分布,阶面较平坦,3°～7°向河床倾斜,前缘高出一级阶地 10～20m,一般宽小于 100m,属基座型。前缘陡坎基岩常被松散层披盖,基座高出一级阶地后缘 2～5m,基座由下白垩系基岩组成。

（3）三级阶地（Ⅲ）

局部残存,属基座阶地,一般纵向延伸短,阶面窄,坡降大,以 5°～10°向河床倾斜,前缘高出二级阶地后缘 2～30m,基座由下白垩系基岩组成。阶地堆积物为砂砾石、砂及亚砂土,其上为中更新统黄土层和马兰黄土。

图 2-4 所示为汭河谷地横剖面示意图。

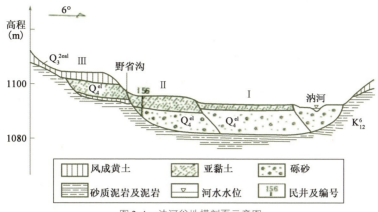

图 2-4　泃河谷地横剖面示意图

2.2 区域地质构造

陇东在区域构造上位于鄂尔多斯地台西南部，属中生代内陆坳陷盆地，呈近南北向矩形轮廓。晚第三纪以来，该区域基本上处于长期稳定状态，表现为整体上升与沉降为主的垂直运动，构造简单微弱，地层产状平缓，各种线性构造不甚发育。主要构造活动和差异运动发生在断块周缘的断陷盆地内，西缘部分因居于贺兰山褶皱带之南北向构造带和六盘山弧形构造及北祁连—秦岭加里东褶皱带的交汇部位，构造活动强烈、构造极其发育。以陇东西南部区域构造特征分析，划分出渭北挠褶带、西缘断褶带、天环坳陷等构造单元。

天环坳陷：为西翼陡、东翼缓的向斜构造，向斜轴部南自龙门—长武一线与渭北挠褶带相接，近南北向，向北一直延伸到内蒙古的巴音乌素清水河断裂，是主要发育在中生代地层中一些轴向北北西、呈斜列式展布的向斜组成。天环坳陷的方向、位置及成因与西缘断褶带关系密切，为西缘断褶带前缘外带，由西缘断褶带推挤而成。与强烈逆冲活动的西缘断褶带相比，由于结晶基底的刚性强，天环坳陷带内的变形相对简单，主要表现为褶皱坳陷。从构造部位来说，天环向斜东翼为伊陕单斜，庆阳单斜是伊陕单斜西南的一部分。坳陷带主要指向斜轴部及西翼部分。

庆阳单斜：地表出露皆为下白垩统志丹群。区内岩层以 1°~5° 的缓倾角向北西西方向倾斜，构成天环向斜东翼的一部分。区内中生代以来构造简单，较少发育断裂。

气　候

　　陇东地区属半干旱大陆性气候,主要气候特征是干旱少雨,降水少而集中,蒸发量大。冬季寒冷,夏季酷热,日温差大,多西北风,空气较干燥,春季气温速增多变,多风沙尘土天气。

　　陇东地区多年平均降水量为 476.44~543.04mm,由东南向西北递减,西峰站最大降雨量为 543.04mm,华池站最小为 476.44mm。降水在时间上分配极不均匀,年内降水主要集中在 6~9 月,占全年降水量的 70% 以上。多年平均蒸发量为 1083.77~1497.21mm。多年平均气温为 7.94~8.68℃,一月份最冷,平均气温为 -4.95~-7.4℃;七月份最热,平均气温为 20.9~21.9℃。全年相对湿度为 58%~64%,盛刮西北风,尤以春季最为突出。

地　层

　　图 2-5 为庆阳典型地质剖面示意图,陇东地区地层系统见表 2-2。典型黄土柱状地质剖面如图 2-6 所示。

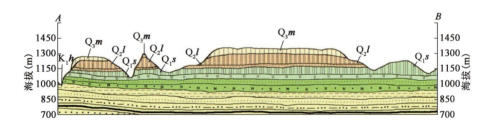

图 2-5　庆阳典型地质剖面示意图

陇东地区地层系统　　　　　　　表 2-2

年代地层		岩石地层		代　号
系(统)		组	段(层)	
新生界	第四系		冲洪积层	Q^{al+pl}
			马兰黄土	Q_3^{eol}
			离石	Q_2^{eol}
			午城	Q_1^{eol}
	新近系			N
				E
古生界	白垩系下统	泾川组		$K_1 jc$
		罗汉洞组		$K_1 lh$
		环河组		$K_1 h$
		宜君洛河组		$K_1 l$
	侏罗系下统			J_1
	三叠系中统			T_2
	二叠系下统			P_1

地层系统主要特征分述如下：

（1）第四系（Q）：主要为风成黄土与河流冲洪积物。

①冲洪积层（Q_a^{al+Pl}），分布于洪河、蒲河、马莲河及次一级较大河谷、沟谷中。结构特点是上部为轻亚黏土与亚砂土，厚度一般小于10m，下部为圆砾、卵石层，厚度为5~20m。

②马兰黄土（Q_3^{eol}）：岩性为黄灰色、土黄色亚砂土，分布广泛，厚度为5~20m。特点是结构疏松，垂向节理发育，发育有大孔隙与裂隙底部有一层黄土古土壤与离石黄土分界。

③离石黄土（Q_2^{eol}）：岩性为灰黄色、淡红色亚砂土与亚黏土，间夹多层黄土古土壤。特点是垂向节理、大孔

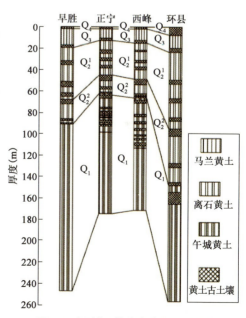

图 2-6　典型黄土柱状地质剖面示意图

隙、裂隙发育，厚度为 10～120m。多伏于马兰黄土之下，仅在塬侧有出露。

④午城黄土（Q_1^{eol}）：岩性为橘红、橘黄、褐色亚黏土。特点是致密坚硬，具水平层理，厚度为 10～100m，与下伏地层为不整合接触，多伏于离石黄土之下，仅在塬侧的坡角处有出露。

陇东地区黄土厚度为 180～250m，黄土塬中部较薄，黄土塬边缘地带较厚，说明黄土塬的形成继承了下伏基岩的古地形起伏。

(2) 新近系(N)：零星分布在陇东地区的西部与北部一带，与下伏地层一般呈不整合接触。岩性主要为橘红色砂质泥岩夹薄层砂砾岩，土黄、土红色砂质黏土，厚度较小，多为 10～20m。

(3) 白垩系下统(K_1)：白垩系在陇东地区分布比较广泛，陇东白垩系盆地构造示意如图 2-7 所示。由于研究区大面积被黄土覆盖，因而出露有限，仅在河谷谷底两侧或河谷与沟谷底部呈树枝状出露。区内白垩系属下白垩系志丹群，根据岩性与岩相划分为泾川罗汉洞、环河、宜君洛河四个岩组。

图 2-7 陇东白垩系盆地构造示意图

①泾川组（$K_1 jc$）：分布于镇原一带。岩性为浅灰色、灰绿色砂质泥岩、砂岩、泥岩互层，夹有泥灰岩。与下伏地层为整合接触。由罗汉洞组到泾川组，岩石颗粒由粗变细的变化特征明显。

②罗汉洞组（$K_1 lh$）：分布于西峰区以西。北部岩性以棕色砂岩、粉砂岩、泥质岩为主；南部镇原一带为黄棕、棕红色粗～细粒砂岩与泥质岩互层。与下伏地层为整合接触。

③环河组（$K_1 h$）：全区均有分布，在沟谷底部有出露。岩性为棕红、紫红色泥岩、砂质泥岩、粉砂岩、砂岩。呈韵律互层，变化的特点是自下而上砂岩减少，粒度变细。与宜君洛河组为整合接触。与下部的宜君洛河组相比，颗粒明显变细。

④宜君洛河组（$K_1 l$）：仅在合水县太白葫芦河谷地一带有出露，其他地区为下伏地层。岩性为浅棕红、灰白、灰色中砾岩、砾岩夹砂岩、粗砂岩夹泥岩、砂质泥

等。岩性总的变化规律是自上而下、由中心向边缘,颗粒由细变粗。东部一带发育大型斜层理、交错层理。

(4)特殊岩土:黄土塬表层为第四系上更新统黄土,其厚度为 10~15m,黄土具有湿陷性,对浅埋隧道稳定性有影响;第四系中更新统黄土,厚度为 150~190m,黄土潜水含水层黄土处于饱和软塑状态,对隧道稳定性有较大的影响;老黄土地层中的黄土古土壤及下伏新近系泥岩(红黏土层)具有弱膨胀性,隧道穿越不同岩性接触带,均对隧道稳定性产生一定的影响。

2.5 水文地质特征

2.5.1 地下水系统划分原则

(1)具有相同或相似的补给来源,且具有独立的补(输入)径(运转)排(输出)系统的整体。

(2)根据含水介质特征、水力特征及地下水循环特征,在地下水系统内进一步分亚系统。

依据上述原则,对陇东地区白垩系盆地地下水系统划分的结果见表2-3。黄土潜水的分布虽然在面上的分布与赋存不连续,但具有相似的补径排条件,故划分为一个系统。各个黄土塬区进一步划分为亚系统;河谷潜水划分为两个亚系统;白垩系地下水系统主要依据含水介质特征、水力特征及地下水循环特征,划分为三个亚系统。

陇东地下水系统划分表 表 2-3

系　　统	亚　系　统
黄土潜水地下水系统(Ⅰ)	各黄土塬为亚系统
河谷潜水地下水系统(Ⅱ)	泾河汭河亚系统($Ⅱ_1$)
	黑河亚系统($Ⅱ_2$)
白垩系地下水系统(Ⅲ)	罗汉洞泾川组地下水系统($Ⅲ_1$)
	环河组地下水系统($Ⅲ_2$)
	宜君洛河组地下水系统($Ⅲ_3$)

2.5.2 黄土潜水系统

1) 黄土潜水的赋存特征

黄土潜水分布于黄土塬及黄土丘陵区,含水介质主要是离石黄土。由于不同地貌单元分布的黄土潜水有不同的特征,下面根据地貌单元把黄土潜水分为黄土塬区潜水与丘陵区潜水分别进行介绍。

(1) 黄土塬区潜水主要分布于庆城以南的19个黄土塬区,总面积达2491km²。各塬之间被深达250~300mm的沟谷分割,因而各塬均为相对独立的水文地质单元。各塬的水文地质条件基本相似,含水层主要为中更新统(Q_2)离石黄土,黄土潜水主要赋存于离石黄土的孔隙裂隙中。隔水底板为午城黄土。

黄土塬区潜水赋存条件及特征统计见表2-4。

黄土塬区潜水赋存条件及特征统计表　　　表2-4

编号	项目	塬面面积 (km²)	塬中心水位埋深 (m)	塬中心含水层厚度 (m)	塬中心单井出水量 (m³/d)
1	什字塬	190	46~70	30~35	100~150
2	高平塬	81	55~70	30~50	100~200
3	草峰塬	72.5	30~60	500~60	600~1000
4	索罗塬	23.8	40~60	60~79	600~1000
5	玉都塬	140	30~50	50~80	250~400
6	平泉塬	126	45~40	40~50	400~600
7	屯子荔堡塬	163	55~80	20~30	100~200
8	临泾塬	48	40~60	40~60	100~200
9	孟坝塬	78	60~70	30~40	50~150
10	董志塬	828	45~60	50~70	100~1500
11	南义塬	57	30~60	64~70	100~250
12	盘克塬	23	32~58	35~68	100~280
13	春荣塬	37	65~70	32~40	100~250
14	早胜塬	227	35~40	60~70	200~290
15	宫和塬	104	30~40	30~50	50~100
16	永和塬	43	35~50	35~60	100~300

黄土塬区潜水的赋存有如下规律:

①塬面积的大小对赋存条件有十分明显的影响。塬面积愈大,塬中心地带黄土潜水的厚度愈大,水位埋深愈小,单井出水量愈大。

②塬面形状对黄土潜水的赋存条件亦有影响。趋于圆形的塬较条形的塬富水。

具体赋存特征是:含水层厚度 20~70m,塬中心水位埋深 30~70m,单井出水量 50~1500m³/d,含水层渗透系数在 0.1~0.5m/d 之间。

(2)丘陵区潜水主要分布于庆城以北的黄土丘陵区及庆城以南黄土残塬侧的梁峁丘陵区。其潜水的赋存有多变的特征,主要表现在水位埋深和含水层厚度变化均较大;黄土潜水的富水性较弱,单井出水量多小于 100m³/d。

2)黄土潜水的补径排条件

大气降水是盆地内黄土潜水的主要补给来源。独特的赋存、补给条件决定了黄土潜水具有独特的径流与排泄特征。丘陵区黄土潜水的径流主要受地貌形态的控制,径流方向多变,多自地形高处流向地形低处,在黄土与基底的界面上以泉的方式排泄。黄土塬区黄土潜水的径流特征是:径流方向是由塬中心至塬边,水力坡度在塬中心地带较小或近水平,塬边地带较大;塬的形状与塬的面积大小对径流特征也有影响。排泄的方式是人工开采与在塬边以泉的方式溢出。泉的出露点多在离石黄土与午城黄土的界面上。

3)黄土潜水的动态特征

图 2-8 为上阁村隧道区域水文地质图。

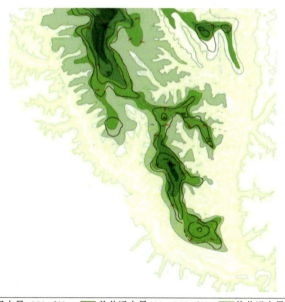

图 2-8　上阁村隧道区域水文地质图

在董志塬区布设黄土潜水水位观测孔 GG19,观测结果如图 2-9 所示。

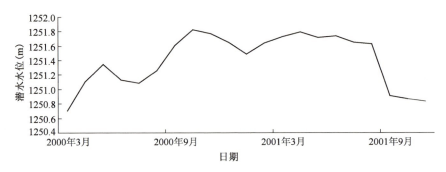

图 2-9　董志塬区潜水水位动态观测曲线

由图 2-9 可看出:黄土塬区潜水的水位动态一年内存在周期变化的规律,如 2000 年 3 月—2001 年 3 月为一周期、2001 年 3 月至观测期末为一周期;一年内黄土潜水有两个高水位期和两个低水位期,两个高水位期在 5 月份和 11 月份,两个低水位期在 3 月份和 7 月份;高低水位的形成与黄土潜水开采及降水补给密切相关,如 7 月低水位期的出现主要由开采量的增加引起,3 月份低水位的出现主要由补给量的减少引起,11 月份高水位期的出现主要由补给量的增加引起;年际间水位的变化主要受降水量多少的控制。

2.5.3　河谷潜水地下水系统

1) 河谷潜水的赋存特征

河谷冲洪积层潜水主要赋存于泾河谷地及其支流汭河、黑河谷地,其他河流谷地如马莲河、蒲河、洪河谷地等,由于第四系冲洪积物中泥质含量较高、下部无隔水底板等原因,一般无地下水赋存,抑或在局部存在有利于地下水赋存的地段,地下水的富水性亦多较弱。河谷潜水的主要赋存层位为第四系冲洪积层,赋水介质主要为砾砂、圆砾、碎石等。

(1) 泾河谷地宽 500~2500m,坡度 5‰~7‰。泾河谷地白水乡以上河段,河谷潜水含水层的厚度较大,一般在 5~15m 之间,局部地段在 15~20m 之间,含水层的赋水性较好。一级、二级阶地内,单井出水量多在 1000~3000m³/d 之间,属强富水区。白水以下河段含水层厚度多较薄,一般在 5m 左右,除泾川县城至何家坪段单井出水量大于 1000m³/d 外,其他地段出水量均小于 1000m³/d,为中等富水区。

(2) 汭河与黑河谷地宽 500~1800m,坡度 4‰~6‰。潜水含水层的厚度较薄,多在 5m 左右,含水层的赋水性较弱,单井出水量一般小于 1000 m³/d,为中等富水区。

河谷潜水水位埋深的变化规律是：河谷上游地段的地下水位埋深大于下游的地下水位埋深，泾河谷地上游地段一级、二级阶地内的水位埋深为5～10m，向下游地段渐变为4～6m。汭河与黑河谷地上游地段一段的水位埋深为4～7m，向下游渐变为3～5m。自河床向河谷地两侧，水位埋深由小变大，泾河谷地一级、二级阶地的水位埋深为2～15m，向两侧高阶地渐变为30～120m。河谷潜水赋存条件及特征统计见表2-5。

河谷潜水赋存条件及特征统计表　　　　表2-5

项　目		河流宽度（m）	含水层厚度（m）	水位埋深（m）	单井出水量（m³/d）	渗透系数（m/d）
泾河谷地	白水以上河段	1500～2500	5～15	5～10	1000～3000	60～120
	白水以下河段	500～2000	4～8	4～6	500～1000	50～90
汭河谷地		1000～1800	2～7	3～7	200～1000	40～59
黑河谷地		500～1000	2～8	3～7	<500	20～34
备注			一级、二级阶地	一级、二级阶地		

2）河谷潜水的补径排条件

河谷地下水的补给来源主要有大气降水、灌溉水、地表水及基底白垩系地下水的越流补给。河谷潜水的径流主要受河谷展布方向的控制，以水平径流方式为主，总的径流方向与地表水径流方向一致。河谷潜水的排泄方式主要有向地表溢出、人工开采及蒸发三种。

第 3 章
软塑黄土围岩含水率特性

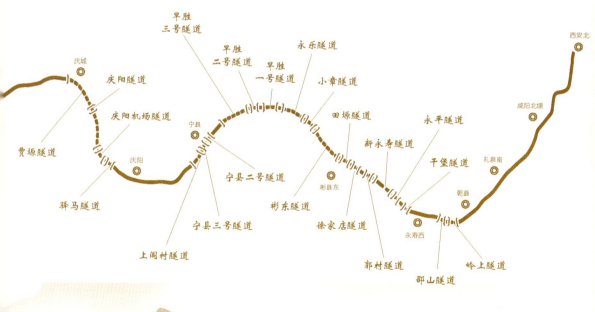

本章从软塑黄土层和隧道不同空间关系的角度研究含水率的变化规律，并对围岩含水率监测效果进行了评价。在此基础上对软塑黄土物理力学参数随含水率变化规律、含水率对软塑黄土大断面隧道稳定性的影响规律、不同含水率对软塑黄土隧道稳定性的影响，以及界限含水率的确定与隧道稳定性控制措施等方面进行研究。

隧道围岩含水率测试及变化规律

黄土隧道围岩含水率变化的原因是多方面的，主要原因：一是施工阶段对隧道排水导致地下水位下降，从而引起围岩含水率发生变化；二是待施工结束停止排水后，地下水位再次变化，而修建的隧道衬砌可能改变地下水的分布与排泄途径；三是隧道的开挖会扰动原始地层孔隙、裂隙特性。如此复杂的过程综合，导致了隧道围岩含水率在施工阶段及运营期内可能发生变化或波动。

银西高铁隧道围岩含水率的测试，主要采用时域反射（TDR）水分传感器（图3-1），该方法依据电磁波在土体介质中传播时，不同土体的导电特性具有差异性，其传导常数如速度的衰减取决于土体的性质，特别是取决于土体中含水率和电导率，通过测试围岩土体的介电常数，来直接换算土体的体积含水率，是目前国内岩土工程中比较常用的测试水分方法。

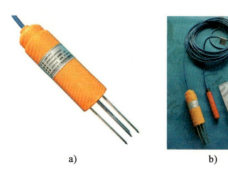

图 3-1 TDR 水分传感器

在测试断面布设水分测试元件数量应根据测试目的、施工开挖方法、围岩含水特征等因素综合确定。本节所选测试断面均布设 6 个水分传感器，分别在掌子面的拱顶、拱腰左右侧、拱脚左右侧、仰拱中心，基本呈对称布置，如图 3-2 所示。

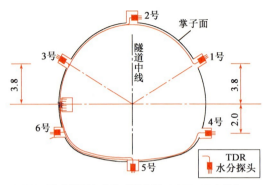

图 3-2　隧道断面水分传感器布设示意图(尺寸单位:m)

3.1.1　软塑黄土上覆于拱顶段围岩含水率变化规律

图 3-3 所示为驿马隧道 DK256+280 横断面示意图,该断面隧道拱顶至地表面距离为 53.0m,原始地下水位距地表 40.8m,高出拱顶约 12.2m;隧道洞身为第四系中更系统黏质黄土,Q_2 软塑黄土层分布于隧道拱顶上部,基本呈软塑状;地下水位线以上为 Q_2 硬塑黄土层,厚度约为 31.8m;表层为 Q_3 硬塑黄土层,厚度约为 9.0m;隧道拱腰洞身及以下为 Q_2 黄土层,基本呈软塑-硬塑状。

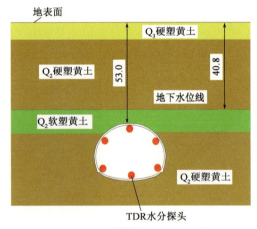

图 3-3　DK256+280 横断面示意图(尺寸单位:m)

图 3-4 所示为驿马隧道 DK256+280 断面监测点含水率变化曲线,隧道拱顶上覆软塑黄土时,围岩含水率变化与施工工序存在一定的相关性。由于隧道拱顶存在软塑黄土,含水率较高,其中左右边墙埋深 1.5m 处的含水率均大于 32%,左右拱腰处的含水率为 28.1%~29.9%,拱顶中心处的含水率为 25.9%,其围岩土

体基本都呈软塑状态,下台阶围岩含水率基本小于30%,由于施工开挖扰动隧道原状土体,上拱水分向下迁移以及施工养护水的影响,拱底和右拱脚处的含水率较大,达到27.5%~29.1%。

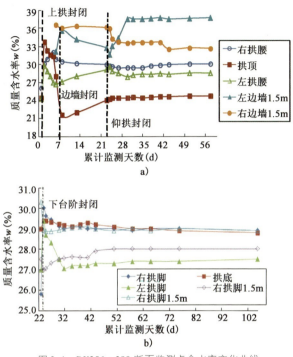

图 3-4 DK256+280 断面监测点含水率变化曲线

3.1.2 软塑黄土分布于隧道洞身段围岩含水率变化规律

驿马隧道 DK255+443 断面位于隧道进口段,该断面拱顶高程为1378m,地面高程为1413m,该断面隧道埋深为34.5m,属于浅埋隧道。洞身上部地表为第四系上更新统黄土层,厚度17.0m,呈 Q_3 硬塑黄土,整个洞身为第四系中更新统黏质黄土,其中原始地下水位埋深39.2m,高出隧道仰拱基底约为5.6m,地下水位以上为 Q_2 硬塑黄土,厚度为20.2m,原始地下水位以下土层为 Q_2 软塑黄土,隧道开挖过程可见软塑状黄土,断面地层具体情况如图3-5所示。因此,整个断面拱腰以上为硬塑~可塑状黄土,而拱腰至边墙呈软塑状态。

图3-6所示为驿马隧道 DK255+443 断面围岩含水率变化曲线,在从监测断面掌子面开挖后的近2个月内,围岩含水率基本上呈现"先逐步增加后趋于平稳"的两阶段变化规律,即呈现"增长期"和"平稳期"。拱顶和拱腰部位围岩含水率从初始的

16%逐步增加到16.6%～19%后平稳,增幅达1.1%～3.1%;拱脚和拱底中心部位围岩含水率从初始的20%～24%逐步增加到26.6%～30.2%后平稳,增幅达5.6%～7.3%。增长周期基本在7d内,平稳期内围岩含水率基本在较小范围内波动。

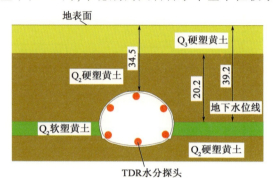

图3-5　DK255+443横断面示意图(尺寸单位:m)

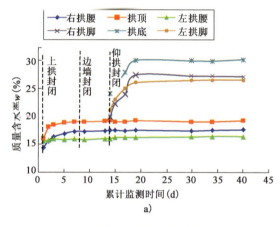

a)

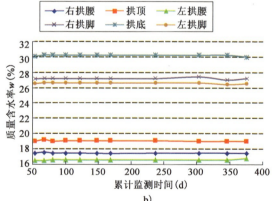

b)

图3-6　DK255+443断面围岩含水率变化曲线

从空间分布来看,由于软塑黄土层分布于隧道洞身处,含水率明显较上拱部分大,加上施工扰动后基底土体有液化现象,因此,围岩的含水率整体上表现为拱脚和仰拱部位高于拱顶和拱腰部位;由于隧道开挖后,对仰拱及拱脚部位的围岩扰动最严重,加之地下水位在拱脚以上,基底围岩受水长时间浸润或浸泡后,围岩软化现象明显,施工扰动后基底有液化现象,因此,该段落围岩的含水率整体上表现为拱脚和仰拱部位高于拱顶和拱腰部位。

3.1.3 软塑黄土分布于隧底段围岩含水率变化规律

上阁村隧道 DK211+493 断面拱顶高程为 1204m,地面高程为 1254.2m,该断面隧道埋深为 50.2m。地表面以下为 12.4m 为第四系上更系统黄土,呈 Q_3 硬塑黄土,整个洞身为第四系中更新统黏质黄土,其中原始地下水位埋深 60.4m,高出隧道仰拱开挖边界约 2.3m。因此,整个断面为上部为 Q_3 硬塑黄土,而仰拱基底分布 Q_2 软塑黄土。图 3-7 为 DK211+493 横断面示意图。

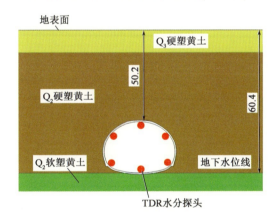

图 3-7 DK211+493 横断面示意图(尺寸单位:m)

图 3-8 为上阁村隧道 DK211+493 断面围岩含水率变化曲线,由图 3-8 分析可知:从空间角度分析,由于软塑黄土层存在于隧底部位,整个拱顶和拱腰部位围岩含水率小于仰拱和拱脚部位围岩含水率,拱顶和拱腰部位围岩含水率为 15% ~ 18.5%,仰拱和拱脚部位围岩含水率在 22.3% ~ 24.4% 之间变化,其仰拱及拱脚处水率较上拱圈大 6.9% ~ 7.3%,整个断面呈基底软塑、拱顶和拱墙硬塑状态的分布规律;从时间角度分析,上拱和拱腰含水率呈微增长态势,增长量为 0.6% ~ 1.2%,增长周期约为 14d,仰拱及拱脚处围岩含水率增长量为 2.4% ~ 4.0%,增长周期约为 7d。

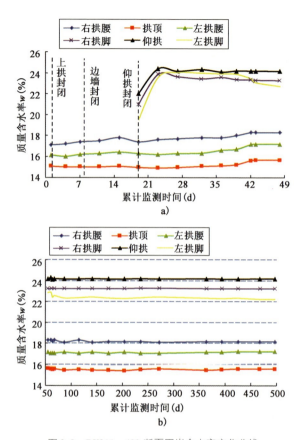

图 3-8 DK211+493 断面围岩含水率变化曲线

3.1.4 围岩含水率监测效果评价

根据软塑黄土在隧道不同空间位置,选择了具有代表性的 3 种工况的测试断面,分别为软塑黄土分布于拱顶段、软塑黄土分布于隧道洞身处以及软塑黄土分布于隧底,分析了 3 个测试断面在施工期内的围岩含水率的时空变化规律。

对现场测试的 3 个断面围岩含水率初始值与室内土工试验结果进行对比,见表 3-1。现场实测值与室内土工试验结果总体上是吻合的,上下限均趋于一致,随着水分迁移路径的改变及监测时间的延长,围岩含水率发生变化,最终趋于稳定,对比结果充分说明,开展隧道围岩含水率现场长期观测具有重要的意义。

软塑黄土隧道围岩测试效果对比　　　　　　　　　表 3-1

软塑黄土位置	测试断面	测试部位	现场测试含水率（%）	室内试验含水率（%）	备注
拱顶以上	DK256+280	上台阶	21.6~31.3	28.4~29.8	拱顶之上呈软塑状
		下台阶	25.8~30.0	27.2~29.3	
洞身处	DK255+443	上台阶	16.6~19.0	17.8~20.5	洞身处呈软塑状
		下台阶	20.0~24.0	23.3~25.7	
隧底以下	DK211+493	上台阶	15.0~18.5	12.4~19.4	隧底以下呈软塑状
		下台阶	22.3~24.4	24.0~28.8	

通过对软塑黄土围岩隧道现场含水率监测及其围岩稳定性变形监控量测,并结合理论分析,给出了黄土地层隧道施工含水率界限值及其施工措施建议,见表 3-2。

黄土地层隧道施工含水率界限值及其施工措施建议分类表　　　表 3-2

序号	预警建议	含水率界限值	措施建议
1	正常施工	<20%	正常开挖即可
2	Ⅱ级预警	20%~25%	加强稳定性观测,必要时对围岩采取加固措施
3	Ⅰ级预警	>25%	加强超前支护、洞内帷幕注浆、地表与洞内降排水等综合辅助措施

通过隧道围岩含水率现场连续监测,得到了软塑黄土隧道围岩含水率在施工期内的变化特征及周期,分析了含水率变化与围岩稳定性之间的相关性,总结了含水率变化的原因。因此,通过试验断面的测试结果,可以预测掌子面前方一定里程段内的围岩水分变化情况,以便有效指导隧道安全施工。

3.2 软塑黄土围岩自稳状态下界限含水率及水压力稳定性

3.2.1 软塑黄土物理力学参数随含水率变化规律

对上阁村隧道 1 号斜井(DK211+134)处从上中台阶取土进行室内试验,根据

室内试验数据,对内摩擦角和黏聚力随含水率变化的关系进行曲线拟合,得到拟合吻合度较高的公式如下:

$$c = -0.0117w^2 + 0.1847w + 32.785 \tag{3-1}$$

$$\varphi = 0.0109w^3 - 0.6455w^2 + 9.4611w + 18.452 \tag{3-2}$$

$$I_L = 0.0095w^2 + 0.6185w - 9.0934 \tag{3-3}$$

式中:c——黏聚力(kPa);

w——含水率(%);

φ——内摩擦角(°);

I_L——液限指数。

根据上述拟合的公式和试验结果,选取表 3-3 中的含水率进行数值计算,得出其他参数的计算结果。

不同含水率对应的物理力学参数　　　　表 3-3

含水率 w (%)	黏聚力 c (kPa)	内摩擦角 φ (°)	重度 γ (kN·m³)	弹性模量 E (MPa)	泊松比 μ
25.4	30.16	20.18	0.52	1.93	110
25.7	29.52	19.5	0.52	1.98	105
26.4	29.51	18.89	0.61	1.98	95
27.4	29.06	17.29	0.72	1.98	85
28.4	37.58	16.19	0.84	1.98	75
29.4	28.10	15.66	0.88	2.01	65
30.4	27.59	15.75	0.93	2.04	55
30.7	27.4	14.59	0.96	2.07	50

3.2.2　含水率对软塑黄土大断面隧道稳定性的影响规律

根据地质勘察资料,上阁村隧道在 1 号斜井(DK211+200)处分别沿大里程和小里程方向穿越软塑黄土层,黄土类型为 Q_2 黏质黄土,大里程方向软塑黄土主要分布在隧底,小里程方向软塑黄土主要分布在拱顶。上阁村隧道开挖断面达到 170mm²,黄土的垂直节理发育,天然含水率达 13%~32%,工法要素优化包括合理开挖进尺优化、台阶优化、仰拱封闭距离优化三个部分。上阁村隧道 DK211+363 断面拱顶、上台阶及中台阶处围岩含水率较小,处于硬塑状态;下台阶及仰拱处围岩含水率较大,围岩处于软塑状态。

根据现场监控量测数据反馈,上阁村隧道 DK211+153 处拱顶沉降时程曲线和 DK211+165 处净空收敛时程曲线如图 3-9、图 3-10 所示。上阁村隧道 DK211+153 处拱顶沉降最大值达到 233.3mm,DK211+165 处净空收敛最大值达到 130.4mm,从计算结果来看,拱顶沉降位移为 247.32mm,净空收敛位移为 142.3mm,拱顶沉降现场监控量测值比数值模拟值小 5.67%,净空收敛位移现场量测值比数值计算值小 8.36%,整体模拟结果和现场实测值吻合度比较好,同时具有一定的安全储备。

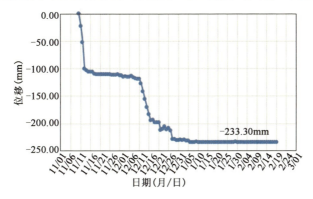

图 3-9　DK211+153 处拱顶沉降时程曲线

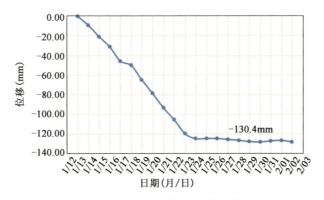

图 3-10　DK211+165 处净空收敛时程曲线

仰拱封闭距离优化:支护是否封闭以及封闭时距掌子面的距离对黄土隧道净空位移影响十分显著,尤其对于浅埋大跨度新黄土隧道,支护及时封闭将是控制拱部下沉的重要措施。根据《铁路黄土隧道技术规范》(Q/CR 9511—2014),选取大断面黄土隧道台阶法封闭距离及相应的拱部下沉值,见表 3-4。计算仰拱封闭距离 25m、30m、35m 三种工况,并分析三种封闭距离的隧道变形情况,见表 3-5。

大断面黄土隧道台阶法封闭距离及相应的拱部下沉值　　　　表3-4

黄土类型	埋深	支护形式	封闭距离	拱部下沉(mm)	
				计算值	实测最大值
老黄土	深埋	单层支护,大拱脚	≤2.5B	145±32	122(157)
老黄土	浅埋	单层支护,大拱脚	≤2.0B	110±32	80(92)
新黄土	浅埋($H \geqslant 1.0B$)	单层支护,大拱脚	≤1.5B	85±32	109(163)

注:H-隧道开挖高度;B-隧道开挖宽度。

不同仰拱封闭距离计算结果比较　　　　表3-5

项目		拱部下沉(mm)		净空收敛 (mm)	掌子面挤出位移 (mm)
		拱顶	拱脚		
封闭距离 (m)	25	172.2	124.5	107.6	51.21
	30	193.75	141.3	128.3	68.2
	35	247.32	176.4	142.3	71.86
30m相对25m增加的百分比(%)		12.51	13.49	19.24	33.18
35m相对30m增加的百分比(%)		27.65	24.84	10.91	5.37

由表3-5可知,仰拱及时封闭有利于减小隧道的净空位移,同时为了确保高效施工,仰拱封闭距离也不宜过小,通过计算建议深埋黄土大断面仰拱封闭距离取30m。

3.2.3 不同含水率对软塑黄土隧道稳定性的影响

1)初期支护变形分析

根据不同含水率进行数值计算,得到不同围岩含水率条件下的初期支护变形量,见表3-6。根据表中的数据,绘制不同含水率条件下隧道开挖后的初期支护变形量变化图。

不同围岩含水率隧道初期支护变形量　　　　表3-6

含水率w (%)	拱部下沉(mm)		净空收敛 (mm)	掌子面挤出位移 (mm)
	拱顶	拱脚		
25.4	193.88	141.2	108.9	44.2
25.7	197.32	146.4	112.3	45.86
26.4	217.80	155.1	121.5	56.2

续上表

含水率 w (%)	拱部下沉 (mm)		净空收敛 (mm)	掌子面挤出位移 (mm)
	拱顶	拱脚		
27.4	229.21	168.2	137.6	68.11
28.4	247.32	176.4	142.3	71.86
29.4	265.79	184.9	152.5	83.4
30.4	284.07	197.1	159.1	97.8
30.7	291.10	202.4	166.3	103.19

分析表 3-6 可知:拱顶、拱脚沉降、净空收敛及掌子面挤出位移均随含水率的增大而增大,拱部沉降位移最大值出现在拱顶部位;拱顶沉降大于净空收敛,可见软塑黄土大断面隧道需要控制隧道拱顶沉降。拟合位移随含水率而变化的曲线,如图 3-11 ~ 图 3-16 所示。

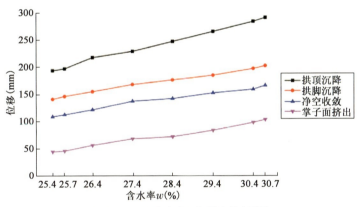

图 3-11 不同含水率下初期支护变形值

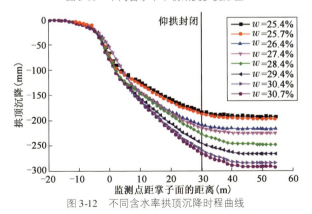

图 3-12 不同含水率拱顶沉降时程曲线

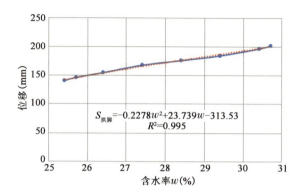

图 3-13　拱脚沉降随含水率变化规律

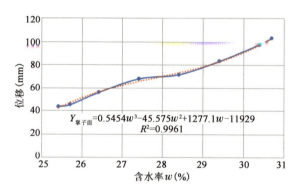

图 3-14　掌子面随含水率变化规律

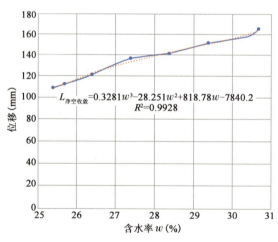

图 3-15　净空收敛随含水率变化规律

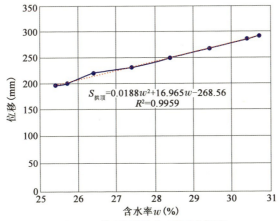

图 3-16 拱顶沉降随含水率变化规律

根据《铁路黄土隧道技术规范》(Q/CR 9511—2014)第 8.5.5 条规定,当隧道埋深 $H_0 > 2(B+H)$ 时,Ⅴ级围岩双线铁路隧道拱顶初期支护极限相对拱顶允许下沉值的 1.35%~1.90%。本隧道净空 13.38m,所以拱顶允许下沉值为 180.63~254.22mm。可得出当围岩含水率为 25.7%时,拱顶沉降值为最大,最大值为 180.63mm,隧道应加强支护,掌子面满足安全要求。

2) 初期支护受力分析

不同围岩含水率条件下计算后的初期支护主应力云图大致相同,围岩含水率为 25.7%时初期支护最大和最小主应力云图如图 3-17 所示。

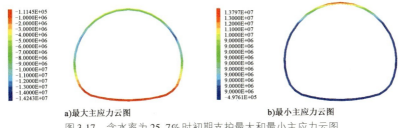

a) 最大主应力云图　　　　b) 最小主应力云图

图 3-17　含水率为 25.7%时初期支护最大和最小主应力云图

图 3-18 为不同围岩含水率初期支护最大、最小主应力变化曲线。从图 3-18 可以得出结论:最大主应力发生在上台阶开挖后的拱脚部位,最大主应力随着含水率的增大而不断增大;初期支护最小主应力发生在拱顶部位,且最小主应力绝对值有随着含水率的增大呈不断增大的趋势。

为了评价初期支护的安全性,提取监测断面两侧初期支护的拱顶、拱腰、拱脚、边墙和墙脚等关键部位的内力,不同围岩含水率轴力、弯矩、安全系数及控制标准见《铁路隧道设计规范》(TB 10003—2016)。

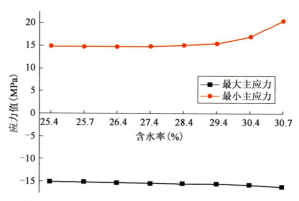

图 3-18　不同围岩含水率初期支护最大、最小主应力变化曲线

图 3-19～图 3-21 所示为初期支护轴力、弯矩、安全系数随含水率变化的趋势。

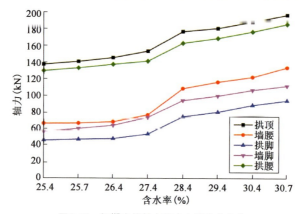

图 3-19　初期支护轴力随含水率变化趋势

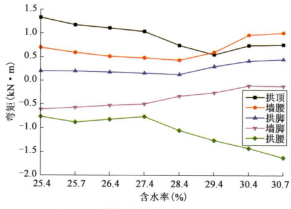

图 3-20　初期支护弯矩随含水率变化趋势

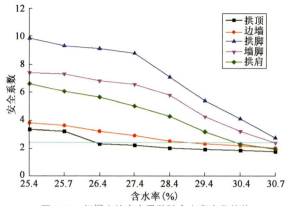

图 3-21 初期支护安全系数随含水率变化趋势

由图 3-19 可知,初期支护拱顶部位轴力值最大,初期支护拱顶部位的轴力值明显大于其他部位的轴力值。随着围岩含水率的增大,初期支护轴力均有所增大,拱脚、边墙和墙脚部位的轴力增长趋势明显,尤其是右拱腰部位的轴力增长趋势最明显。当围岩含水率在 28% 左右时,初期支护的轴力增长速度最为明显,表明此含水率在这个区间变化围岩性质变化最为明显。

由图 3-20 可知,由于围岩性质较差,围岩抵抗水平变形能力较差,拱顶和拱腰内侧受拉,拱脚和墙脚外侧受拉。从数值上看来,隧道初期支护弯矩在含水率达到 28% 之后变化比较明显。根据《铁路隧道设计规范》(TB 10003—2016)规定,当混凝土达到抗拉极限强度时安全系数为 2.4,由图 3-21 可知,拱顶、拱腰部位的安全系数小于 2.4,说明在含水率为 26.2% 时隧道的初期支护已经不能满足结构的安全要求,因此从初期支护结构安全的角度来看,软塑黄土大断面隧道自稳状态下的界限含水率为 25.74%。

3.2.4 界限含水率的确定与隧道稳定性控制措施

通过数值计算得到不同的界限含水率,按照最不利的情况考虑,软塑黄土大断面隧道采用三台阶预留核心土法施工时自稳状态下的界限含水率为 25.7%,此时,黄土的物理力学参数见表 3-7,当隧道围岩含水率超过 25.7% 时应该加强支护以保证隧道的安全性。

界限含水率对应的物理力学参数 表 3-7

界限含水率 w (%)	黏聚力 c (kPa)	内摩擦角 (°)	液性指数 I_L	重度 γ (kN·m^3)	弹性模量 E (MPa)	泊松比 μ
25.7	29.8	20.27	0.527	1.96	140	0.35

根据现场的支护措施,采取数值计算确定软塑地层大断面黄土隧道的稳定性控制措施,见表3-8。

软塑地层大断面黄土隧道稳定性控制措施　　　　　表3-8

C25喷混凝土厚度（cm）	初期支护								超前支护					界限含水率（%）
	钢筋网		锚杆		格栅（型钢）钢架			小导管			管棚			
	网格间距（cm）	钢筋规格	设置部位	间距环向×纵向（m×m）	长度（m）	设置部位	钢架类型	间距（m）	钢管规格	长度（m）	环向间距（m）	钢管规格	长度（m）	环向间距（m）	
35	20×20	φ8	边墙	1.2×1.0	4	全环	I22a型钢	0.6	φ42	3.5	0.6	φ89	30	0.6	≤25.7
35	20×20	双层φ8	边墙	1.2×1.0	4	全环	I25a型钢	0.6	φ42	3.5	0.6	φ108	30	0.6	≥25.7

1) 初期支护变形分析

下面重点分析稳定性措施下,不同围岩含水率条件下的拱顶沉降、拱脚沉降、水平收敛值及掌子面挤出位移。

根据《铁路黄土隧道技术规范》(Q/CR 9511—2014)第8.5.5条规定,当隧道埋深$H_0>2(B+H)$时,Ⅴ级围岩双线铁路隧道拱顶初期支护极限相对拱顶下沉允许值的1.35%~1.90%。上阁村隧道净空13.38m,所以拱顶下沉允许值为180.63~254.22mm。可得出当围岩含水率为30.7%时,拱顶沉降值为最大达到171.64mm,隧道拱顶部位满足安全要求。掌子面最大的挤出位移为91.1mm(表3-9),同样满足铁路隧道的掌子面控制标准。

稳定性措施下不同围岩含水率隧道初期支护变形量　　　　　表3-9

含水率w（%）	拱部下沉（mm）		净空收敛（mm）	掌子面挤出位移（mm）
	拱顶	拱脚		
25.4	136.75	113.52	86.2	43.2
25.7	142.83	116.9	88.7	46.8
26.4	152.07	127.6	94.5	48.2
27.4	138.02	114.6	87.6	52.1
28.4	149.00	124.2	97.6	62.3
29.4	161.28	128.6	105.4	70.2
30.4	169.12	135.7	114.9	82.3
30.7	171.64	144.3	121.3	91.1

2) 初期支护受力分析

为了评价初期支护的安全性,提取监测断面两边初期支护的拱顶、拱腰、拱脚、边墙和墙脚等9个关键点的内力,计算出稳定性控制措施下不同围岩含水率的安全系数及控制标准。根据《铁路隧道设计规范》(TB 10003—2016)破损阶段法和容许应力法计算出监测断面初期支护结构拱墙处的强度安全系数值,并绘制监测断面初期支护不同部位安全系数随围岩含水率增长变化曲线,如图3-22所示。

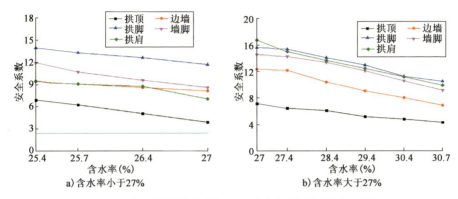

图3-22 采取稳定性控制措施下不同含水率的初期支护安全系数

根据《铁路隧道设计规范》(TB 10003—2016)规定,混凝土达到抗拉极限强度时安全系数为2.4。由图3-22可知,银西高铁黄土大断面隧道在稳定性控制措施下各部位的安全系数均大于2.4,可见采取的施工措施满足安全要求,不需要加强支护,并且具有一定的安全储备。

(1) 现场水压力测试

软塑地层黄土大断面隧道含水率高,为掌握排水条件下黄土大断面隧道水压力分布规律并对隧道稳定性做出评价,需要对软塑黄土隧道的水压力进行测试。水压力测试内容为仰拱初期支护中的孔隙水压力。选取驿马隧道中等富水区断面进行测试,隧道围岩含水率为28%左右,隧道穿过软塑黄土,测试断面处于地下水位线以下25m,测试断面情况见表3-10。

驿马隧道测试断面情况　　　　　　　　表3-10

测试断面	测试段工法	埋深(m)	黄土类型	设计围岩分级	测试时长
DK256+593	三台阶预留核心土	82	Q_2黏质	V	35d
DK256+460		83	Q_2黏质		

现场已完成两个断面的元器件埋设,隧道仰拱填充20d左右断面水压力测试数据已经基本稳定。驿马隧道(DK256+593、DK256+460)两个断面阶段测试数据分析如下。

① DK256+593断面仰拱的水压力值在仰拱填充施作前,整体水压力非常小,

部分测点暂时没有水压力,没有出现较大的波动。该时间段该防排水方式下隧底处地下水压力很小。2018年8月22日仰拱填充,各测点处的水压力值出现不同程度的减小,有可能是由于仪器受到混凝土挤压所致。其后仰拱水压力增大,截至9月11日,水压力最大值位于测点4(17.6kPa),最小值位于仰拱中间测点3(12.7kPa),水压力分布呈W形。DK256+593仰拱水压力变化情况如图3-23所示。

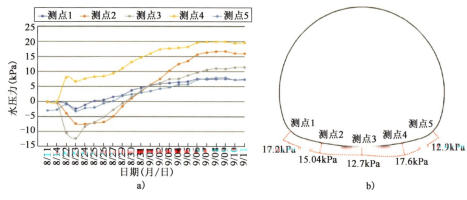

图3-23 DK256+593仰拱水压力变化图(2018年)

②DK256+460断面仰拱的水压力值在仰拱填充施作前,整体水压力非常小,没有出现较大的波动。该时间段隧底处地下水压力很小。2018年8月26日仰拱填充,水压力出现不同程度的减小,有可能是由于仪器受到混凝土挤压所致。其后仰拱水压力增大,截至9月11日,水压力最大值位于测点4(19.6kPa),最小值位于测点5(7.3kPa),水压力分布呈W形。

DK256+460仰拱水压力变化情况如图3-24所示。

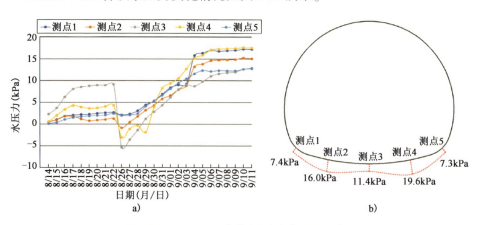

图3-24 DK256+460仰拱水压力变化图(2018年)

(2) 数值模型和模拟方法

根据仰拱填充和中央排水沟相对位置的不同,分别建立平面应变模型。模型横向上向隧道两侧取 5 倍洞径,共计 100m;模型竖向上从拱顶向上取高 82m,从隧底向下取约 2 倍洞高,共 100m,计算地下水位线在隧顶以上 25m。

力学边界为:模型左右侧横向水平约束,模型底部竖向约束,顶部施加上部岩体自重应力及地下水静水压力。流体边界为:模型左右侧为透水边界,孔隙水压力值固定。底部设置为不透水边界,顶部设置为透水边界,孔隙水压力值固定。模型始终保持全饱和。排水条件下计算模型如图 3-25 所示。

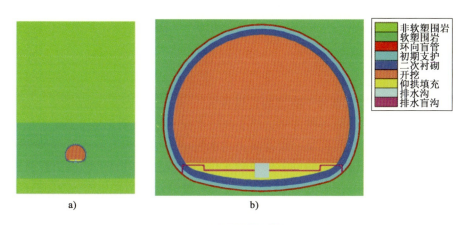

图 3-25 中央排水沟置于仰拱填充内计算模型

数值模型中管道的参数如下:流量 q,渗透系数 K_2,排水孔面积 A_2,水力梯度 i_2,排水孔直径 d。围岩物理力学及流体力学参数均根据驿马隧道地勘报告并结合工程经验取值。衬砌结构力学参数按驿马隧道设计文件取值。相关计算参数见表 3-11、表 3-12。

排水管道计算参数　　　　　表 3-11

排水管道	渗透系数 K（cm/s）	排水孔直径 D（mm）	模型中宽度 d（cm）	纵向间距 L（m）	等效渗透系数 k（cm/s）
排水孔	10	100	10	10	7.85×10^3
环向盲管	10	50	10	8	2.45×10^3
仰拱下透水盲管	10	100	10	30	2.61×10^3

数值计算参数　　　　　　　　　　表 3-12

项　目	密度（kg/m³）	弹性模量（GPa）	泊松比	内摩擦角（°）	黏聚力（MPa）	孔隙率	渗透系数（cm/s）
围岩	2000	0.0618	0.35	17	0.036	0.2	1×10.4
衬砌	2500	32.5	0.2	—	—	0.1	1×10.6
排水孔	2500	35	0.2	—	—	0.5	7.85×10.3
仰拱填充	2300	32.5	0.2	—	—	0.15	2×10.6
排水沟	2300	35	0.2	—	—	0.2	2×10.6
环向盲管	2000	1.5	0.35	20	0.1	0.5	2.45×10.3
仰拱下透水盲管	2000	1.5	0.35	20	0.1	0.5	2.61×10.3

（3）施工期防排水条件下隧道稳定性评价

隧道开挖后，由于隧道拱部和边墙上包防水板，该处衬砌几乎不透水。而仰拱处衬砌未外包防水板，因此呈一般混凝土透水性。仰拱下部主要通过下埋中央排水沟和边墙脚排水孔排水，仰拱下部衬砌水压力明显减小。衬砌水压力在排水孔处达到最小值，越往拱顶中心衬砌水压力越小，拱顶处衬砌水压力为 21.9kPa，仰拱中心处衬砌水压力为 36.2kPa，如图 3-26、图 3-27 所示。

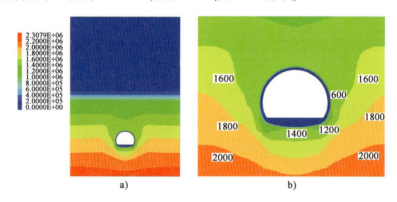

图 3-26　衬砌后孔隙水压力分布（单位：Pa）

二次衬砌承受压力，最大值位于边墙处，最大值为 5.3MN；二次衬砌弯矩除边墙外侧受拉，内侧受拉外，其他均为外侧受压，内侧受拉，其中仰拱中心处弯矩值最大为 152.1kN·m，如图 3-28 所示。

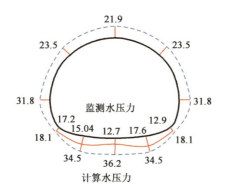

图 3-27 衬砌水压力计算图(单位:kPa)

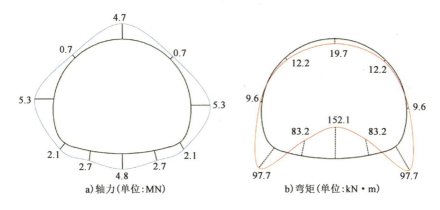

图 3-28 中央排水沟置于仰拱填充内结构内力图

对于衬砌安全性的评价,主要根据《铁路隧道设计规范》(TB 10003—2016)中的破损阶段法对衬砌结构安全系数计算。在对隧道衬砌检算构件截面强度时,钢筋混凝土结构的强度安全系数不小于表 3-13 所列数值。根据破损阶段法计算得出衬砌安全系数,与表 3-13 中所列比较,检验衬砌结构安全性是否满足规范要求,计算得出不同防排水方式下衬砌各节点结构安全系数,见表 3-14。

钢筋混凝土结构的强度安全系数　　　　表 3-13

强 度 状 态	安 全 系 数
钢筋达到设计强度或混凝土达到抗压或抗剪极限强度	2.0
混凝土达到抗拉极限强度	2.4

衬砌结构安全系数 表3-14

节点位置	安全系数	
	抗压	抗拉
拱顶	8.69	6.42
拱腰	12.36	16.56
边墙	14.83	14.77
仰拱	16.19	15.25

安全系数结果显示,隧道在排水条件下拱顶处的抗压和抗拉安全系数最小,拱腰处的抗压安全系数次之,仰拱处抗压安全系数较大,拱腰处的抗拉安全系数最大。

(4)运营期动态轴载条件下隧道稳定性评价

①地下水和动载对围岩脱空的影响

当隧道中无列车通过时,基底围岩不受上部的激振荷载作用,仅受到地下水的不断冲刷。此种工况下,围岩形态主要是随着地下水的冲刷而发生改变,为了分析围岩受冲刷出现颗粒流失的临界冲刷速度,利用 PFC 2D 对围岩仅受水体冲刷时的情况进行模拟,如图 3-29 所示。

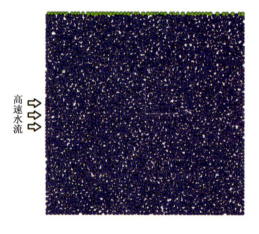

图 3-29 围岩仅受冲刷模型

当模型在某一流速 v_c 下进行计算并到达终点时,如果流失颗粒体积大于或等于模型体积的 0.5%,则认为该速度的水流对围岩形成了有效冲刷,并认为 v_c 为该围岩级别对应的临界冲刷速度。当隧道中无列车通过时,基底围岩不受上部的激振荷载作用,仅受到地下水的不断冲刷。根据颗粒流失率逐步缩小临界冲刷速度所在的速度区间,并找出不同围岩级别下的临界冲刷速度值,见表3-15。

不同围岩级别和冲刷速度对应的颗粒流失率(单位:%) 表3-15

围岩级别	冲刷速度(m/s)									
	1	2	2.5	3	3.5	4	8	9	9.5	10
Ⅳ							0.33	0.52	0.59	0.7
Ⅴ			0	0.34	0.53	0.6				
Ⅵ	0.19	0.5	0.7							

当上部有激振荷载作用下,颗粒接触链状态如图 3-30 所示。

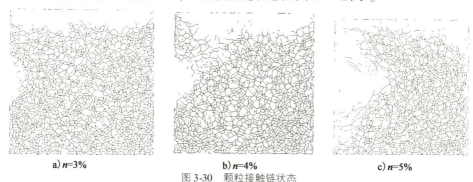

a) $n=3\%$ b) $n=4\%$ c) $n=5\%$

图 3-30 颗粒接触链状态

由图 3-30 可知,当颗粒流失率达到 4% 时,水流作用区部分颗粒接触链状态处于完好和破坏之间,所以把 $n=4\%$ 定为临界颗粒流失率。当模型在某一流速 v_c 下进行计算并到达终点时,颗粒流失率达到 4%,则认为该速度的水流对围岩的作用已转为破坏为主,并认为 v_c 为该围岩级别和列车轴重的工况组合下的临界冲刷水速,对应于 v_c 的水压力为临界冲刷水压力 p_c。

对不同围岩级别下临界冲刷速度进行数值计算,结果如图 3-31 所示,图中颗粒流失率为 4% 时的水流速度即为不同级别围岩对应的临界冲刷速度值。

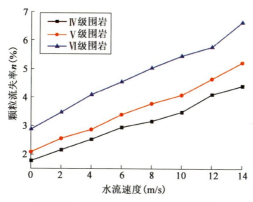

图 3-31 不同围岩级别下临界冲刷速度

在高速铁路 20t 轴重和不同围岩级别下对应的临界冲刷水压力 p_c,见表 3-16。

列车激振力作用下临界冲刷水压力　　　　表 3-16

围岩级别	列车轴重(t)	临界冲刷速度 v_c(m/s)	临界冲刷水压力 p_c(kPa)
IV	20	13.5	171
V	20	10.7	157
VI	20	9.3	123

由表 3-16 可知,Ⅳ级围岩 20t 轴重时临界冲刷水压力最大,约为 171kPa;Ⅵ级围岩 20t 轴重时临界冲刷水压力最小,约为 123kPa,Ⅴ级围岩下临界冲刷水压力为 157kPa,约为无高速列车作用下水压力的 5 倍。这表明高速列车动荷载作用下加剧了围岩劣化,使得更低的水压力就能对围岩造成有效的破坏。

②软塑黄土隧道基底围岩脱空范围和劣化深度

本小节通过离散元数值模拟的手段,对运营期高速铁路隧道基底结构因高速列车动荷载而使地下水对底部围岩产生冲刷作用这一过程进行研究,分析了围岩受冲刷劣化的影响范围。

围岩脱空由土颗粒流失造成,所以在计算模型中脱空率 k 与颗粒流失率 n 等效。不同围岩级别、水压力的组合工况下,围岩脱空率 k 的计算结果见表 3-17。

围岩脱空率 表 3-17

围岩级别	水压力(kPa)	脱空率 k(%)
Ⅳ	173	4.23
Ⅴ	157	5.32
Ⅵ	123	6.12

由表 3-17 可知,围岩条件恶化、水压力的提高都会引起脱空面积的增大。在Ⅵ级围岩、水压为 123kPa 时,脱空率达到最大,为 6.12%。

计算后提取了围岩土颗粒接触链的分布情况并以此判定围岩劣化与否,如图 3-32 所示,图中深色细线为颗粒接触链,接触链的存在与否反映了颗粒之间的联结状态是否完好。围岩左侧和上部受到水流和激振力的直接作用,土颗粒之间的连接状态从紧密联结转变为松散分离,所以显示该区域无联结存在,而模型内部主体结构接触链情况完好,这说明内部还未受到水流冲刷的影响。通过模型左侧刻度线可以方便地读出围岩劣化的范围和深度。

水流作用范围取 5cm,水压力按照前面得到的不同围岩级别下的临界水压力(表 3-17),通过 PFC 2D 数值计算得到的结果如图 3-33 所示。从图 3-33 中可以看出,在Ⅳ级围岩条件下,围岩劣化深度为 9cm 左右;在Ⅴ级围岩条件下,围岩劣化深度为 11cm 左右;在Ⅵ级围岩条件下,围岩劣化深度为 11cm 左右。

③软塑黄土隧道隧底加固措施的评价

银西高铁软塑地层黄土大断面隧道对隧底进行的加固方式主要为帷幕注浆(图 3-34)和袖阀管注浆。

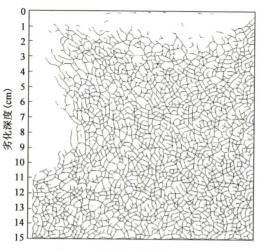

图 3-32　围岩土颗粒接触链分布

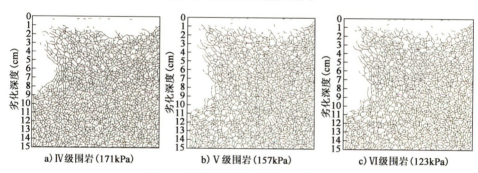

a) Ⅳ级围岩(171kPa)　　b) Ⅴ级围岩(157kPa)　　c) Ⅵ级围岩(123kPa)

图 3-33　围岩条件对围岩劣化深度的影响

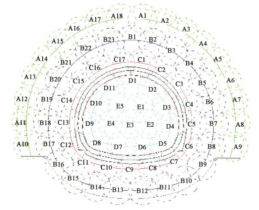

图 3-34　帷幕注浆断面设计示意图

55

对隧底采取帷幕注浆,加固范围为仰拱下方4m;对隧底进行袖阀管注浆可通过预留套管或钻孔进行注浆,采用φ50mm塑料袖阀管,对基底进行袖阀管垂直注浆加固。加固范围:横向为仰拱开挖宽度,竖向为仰拱底以下4.5m。根据现场实际施工措施,洞身和隧底都为软塑黄土以及拱顶为软塑而隧底为硬塑时采用帷幕和袖阀管进行注浆加固,分别利用FLAC 3D建立三维数值模型对以上情况进行加固模拟,如图3-35～图3-38所示。围岩物理力学参数见表3-18。

图3-35 洞身软塑袖阀管注浆加固模拟

图3-36 洞身软塑帷幕注浆加固模拟

图3-37 洞身软塑袖阀管注浆加固模拟

图3-38 洞身软塑帷幕注浆加固模拟

围岩物理力学参数表　　　　　　　表 3-18

围岩类型	平均含水率（%）	泊松比	天然密度（g/cm³）	内摩擦角（°）	黏聚力（kPa）	弹性模量（MPa）
Q_3 黄土	—	0.38	1.71	18.7	17.36	80
Q_2 黄土	28.5	0.38	1.98	15.05	37.78	160
Q_2 软塑黄土加固区	—	0.28	2.05	24.17	17.16	180

3）衬砌结构安全性分析

（1）洞身隧底为软塑、袖阀管注浆时衬砌结构安全性分析

根据数值模拟结果得到洞身隧底为软塑进行袖阀管注浆时的衬砌的最大和最小主应力云图，如图 3-39 所示。根据《铁路隧道设计规范》（TB 10003—2016）规定，在对隧道衬砌检算构件截面强度时，根据破损阶段法计算得出衬砌安全系数，检验衬砌结构安全性是否满足规范要求，计算得出衬砌各节点结构安全系数，见表 3-19。

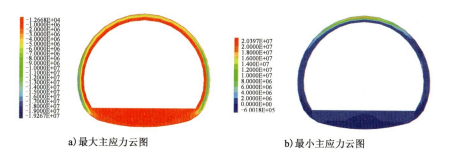

a）最大主应力云图　　　　　　b）最小主应力云图

图 3-39　洞身隧底为软塑、袖阀管注浆时主应力图（单位：Pa）

衬砌结构安全系数　　　　　　　表 3-19

节点位置	安全系数	
	抗压	抗拉
拱顶	8.54	6.23
拱腰	12.17	16.43
边墙	14.24	14.51
仰拱	12.71	13.01

由表 3-19 可知，软塑黄土大断面隧道在高速列车动荷载作用下隧道结构安全系数均大于混凝土抗压极限强度安全系数（2.4），拱顶安全系数相对较小，仰拱处安全系数满足结构安全的要求。

(2)洞身隧底为软塑、帷幕注浆时衬砌结构安全性分析

根据数值模拟结果得到拱顶软塑隧底为硬塑、袖阀管时衬砌的最大和最小主应力云图,如图 3-40 所示。计算得出衬砌各节点结构安全系数,见表 3-20。

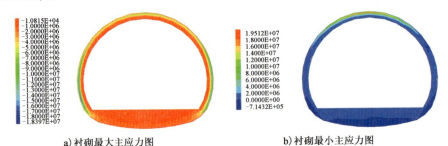

a) 衬砌最大主应力图　　　　　b) 衬砌最小主应力图

图 3-40　拱顶软塑隧底为硬塑、袖阀管时衬砌的最大和最小主应力云图(单位:Pa)

衬砌结构安全系数　　　　　　　　　表 3-20

节点位置	安全系数	
	抗压	抗拉
拱顶	8.43	6.34
拱腰	12.22	16.54
边墙	13.98	14.21
仰拱	12.01	12.45

由表 3-20 可知,软塑黄土大断面隧道在高速列车动荷载作用下隧道结构安全系数均大于 2.4,拱顶安全系数同样相对较小,仰拱处安全系数相对于袖阀管注浆时减小,但仍能满足结构安全的要求。

(3)拱顶软塑隧底为硬塑、袖阀管注浆时衬砌结构安全性分析

根据数值模拟结果得到拱顶软塑隧底为硬塑、袖阀管注浆时衬砌的最大和最小主应力云图,如图 3-41 所示。计算得出衬砌各节点结构安全系数,见表 3-21。

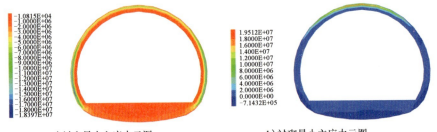

a) 衬砌最大主应力图　　　　　b) 衬砌最小主应力图

图 3-41　拱顶软塑隧底为硬塑、袖阀管注浆时衬砌主应力云图(单位:Pa)

衬砌结构安全系数　　　　　　　　　　　表3-21

节点位置	安全系数	
	抗压	抗拉
拱顶	8.52	6.65
拱腰	12.32	16.71
边墙	14.11	14.58
仰拱	12.72	13.87

由表3-21可知，软塑黄土大断面隧道在高速列车动荷载作用下隧道结构安全系数均大于2.4，洞身隧底均为软塑时安全系数较大，仰拱处安全系数满足结构安全的要求。

（4）拱顶软塑隧底为硬塑、帷幕注浆时衬砌结构安全性分析

根据数值模拟结果得到拱顶软塑隧底为硬塑、帷幕注浆时衬砌的最大和最小主应力云图，如图3-42所示。计算得出衬砌各节点结构安全系数，见表3-22。

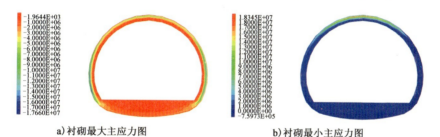

a) 衬砌最大主应力图　　　b) 衬砌最小主应力图

图3-42　拱顶软塑隧底为硬塑、帷幕注浆时衬砌主应力云图（单位：Pa）

衬砌结构安全系数　　　　　　　　　　　表3-22

节点位置	安全系数	
	抗压	抗拉
拱顶	8.67	6.73
拱腰	12.49	16.83
边墙	14.36	14.62
仰拱	12.77	13.91

由表3-22可知，软塑黄土大断面隧道在高速列车动荷载作用下隧道结构安全系数均大于2.4，结构的安全系数相对于帷幕注浆时较大，仰拱处安全系数满足结构安全的要求。

综上所述，银西高铁软塑黄土隧道隧底采用帷幕注浆和袖阀管注浆在高速列车动荷载作用下隧道的结构能够满足结构安全要求，并确保隧道运营期间的稳定。

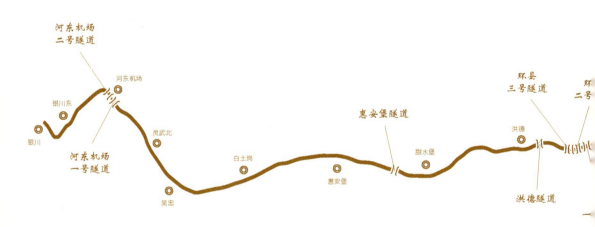

第 4 章
软塑黄土层大断面隧道支护结构受力特性

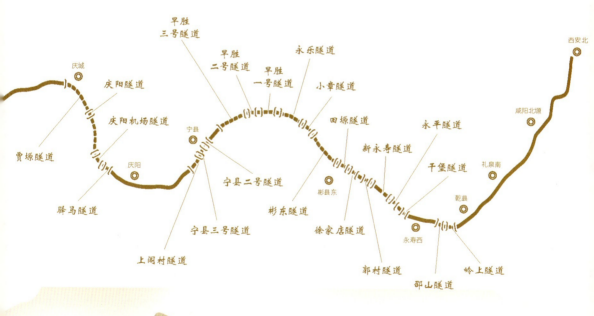

本章通过开展围岩支护体系现场数据监测,结合数值计算研究穿越软塑黄土层围岩支护结构的受力情况,并用实测值和计算值进行对比分析,研究了软塑黄土层与隧道支护体系在不同空间关系下的受力变化特性。

4.1 现场监测布置及结果分析

根据地质勘察资料,上阁村隧道在1号斜井(DK211+200)处分别沿大里程和小里程方向穿越软塑黄土层,大里程方向软塑黄土主要分布在隧底,小里程方向软塑黄土主要分布在拱顶,分别在大、小里程选取代表性断面进行现场测试。

根据空间关系分类,上阁村隧道布设了6个支护结构受力监测断面,涵盖软塑黄土分布于隧底、拱顶、上覆三种最典型空间关系,其中大里程方向施工安全监测断面和长期监测断面布置在里程 DK211+363(断面1)处,小里程方向隧道施工安全监测断面分别布置在里程 DK210+959(断面2)、DK210+947(断面3)和 DK210+935(断面4)处。3号斜井大小里程埋设断面分别是施工安全监测断面 DK210+230(断面5)和长期监测断面 DK210+016(断面6),隧道断面埋设如图4-1所示。

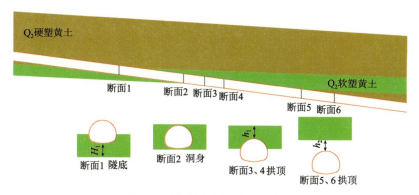

图 4-1　上阁村隧道断面埋设示意图

1) 软塑黄土分布于隧底段现场监测分析(DK211+363)

DK211+363(断面1)软塑黄土空间分布如图4-2所示。

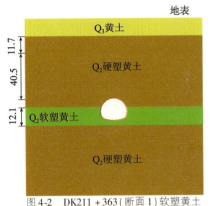

图4-2 DK211+363(断面1)软塑黄土空间分布示意图(尺寸单位:m)

(1)围岩压力空间分布规律

初期支护闭合后第7d围岩压力在DK211+363(断面1)的空间分布如图4-3a)所示,围岩压力稳定值在DK211+363(断面1)的空间分布如图4-3b)所示。

由图4-3可知,拱顶围岩压力较小,拱顶两侧围岩压力较大。其中,右侧边墙围岩压力大约是左侧边墙围岩压力的3倍,右侧墙脚围岩压力是左侧墙脚围岩压力的2倍,呈明显的偏压分布,其主要原因是断面下台阶右侧分布有软塑黄土,围岩强度低、自承能力差,深部围岩不断挤压,致使右侧围岩压力变大;仰拱处由于开挖较晚,在开挖前已经释放掉一部分应力,围岩已经发生了大部分变形,所以围岩压力相对于拱部较小,但因仰拱处软塑黄土的分布,挤压作用仍然明显,相对于左侧边墙及左侧墙脚围岩压力而言仍然较大。从断面DK211+363的围岩压力分布可以看出,隧道各部位围岩压力的大小受各种因素的影响,例如开挖时间、初期支护完成时间以及初期支护的刚度等因素,除此之外,还受隧道洞室围岩分布的影响,例如此断面软塑黄土的空间分布是造成隧道产生偏压的主要原因。

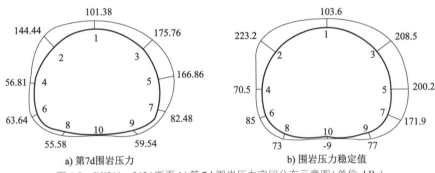

a) 第7d围岩压力   b) 围岩压力稳定值

图4-3 DK211+363(断面1)第7d围岩压力空间分布示意图(单位:kPa)

1~10-测点编号

(2)初期支护混凝土应力空间分布规律

图4-4a)所示为DK211+363(断面1)初期支护仰拱闭合后第13d的混凝土应力空间分布,由图可以看出仰拱右拱腰处拉应力值最大达到1.71MPa,而C25混凝土抗拉强度为1.78MPa,可见初期支护仰拱受隧底围岩向上的挤压作用明显。

图4-4b)和图4-4c)分别为二次衬砌仰拱施作前和二次衬砌拆模后第16d的初期

支护混凝土应力空间分布图。由图4-4可以看出,断面DK211+363初期支护拱部及边墙处混凝土受压,而初期支护仰拱混凝土受拉,压应力和拉应力都未超过C25混凝土抗压和抗拉强度。随着二次衬砌施作,在衬砌自重作用及上部围岩压力作用下,初期支护仰拱受拉减弱,仰拱右拱腰处变为压应力,而仰拱左拱腰和中心处仍然为拉应力,说明隧底软塑黄土向上隆起对初期支护仰拱的挤压作用仍然较强,隧底应力重分布所需的时间较长,二次衬砌施作前初期支护仰拱处于最不利的受力状态。

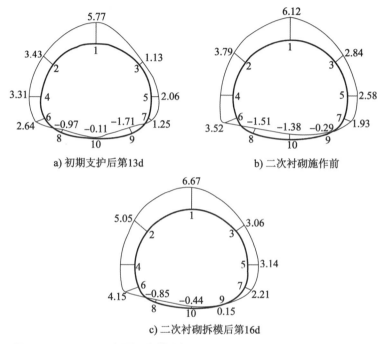

图4-4 DK211+363(断面1)初期支护混凝土应力空间分布示意图(单位:MPa)
1～10-测点编号

(3) 初期支护与二次衬砌接触压力空间分布规律

DK211+363(断面1)初期支护与二次衬砌接触压力空间分布如图4-5所示,由图可知初期支护与二次衬砌接触压力分布不均匀,接触压力由拱顶→拱脚→边墙上部→边墙下部呈逐渐增大趋势,且右侧边墙接触压力大于左侧边墙接触压力,呈明显的偏压分布。

二次衬砌混凝土浇筑时由于受到重力的影响,使得隧道边墙处二次衬砌混凝土相对拱部来说浇筑得较为密实,初期支护与二次衬砌接触相对较好,所以呈现出拱部小边墙大的分布。由于此断面右侧下台阶处分布有软塑黄土,围岩强度低,自承能力差,即使在初期支护成环后,软塑黄土对初期支护的挤压作用仍然较强,使初期支护发生形变,二次衬砌抵抗初期支护的形变从而使此处的接触压力较大,达到了121.6kPa,甚至超过了此处的围岩压力,呈明显的偏压趋势。

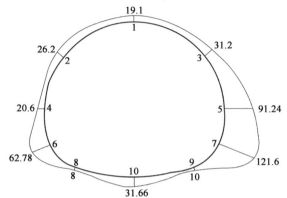

图 4-5　DK211+363(断面1)初期支护与二次衬砌接触压力空间分布示意图(单位:kPa)

1～10-测点编号

(4)二次衬砌混凝土应力空间分布规律

DK211+363(断面1)二次衬砌混凝土应力稳定值空间分布如图4-6所示,由图可知二次衬砌混凝土应力分布不均匀,其中在左边墙上部和仰拱右侧二次衬砌混凝土应力为拉应力,分别为0.34MPa和0.12MPa。其余各部位均为压应力,其中右边墙下部压应力最大达1.97MPa。二次衬砌混凝土空间分布特征也说明了软塑黄土的分布对隧道衬砌结构的受力有很大的影响,正是由于此断面右侧下台阶处软塑黄土的存在,使得右边墙下部二次衬砌混凝土压应力相对其他部位较大,也使得仰拱右侧受拉。

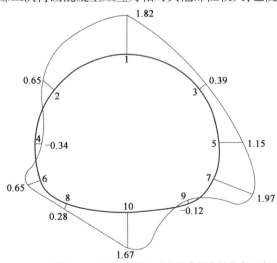

图 4-6　DK211+363(断面1)二次衬砌混凝土应力稳定值空间分布示意图(单位:MPa)

1～10-测点编号

2）软塑黄土分布于拱顶段现场监测分析（DK210+947）

DK210+947（断面3）软塑黄土空间分布如图4-7所示。

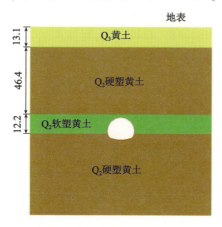

图4-7　DK210+947（断面3）软塑黄土空间分布示意图（尺寸单位：m）

（1）围岩压力

DK210+947（断面3）的初期支护围岩压力分布及围岩压力时态曲线如图4-8、图4-9所示。

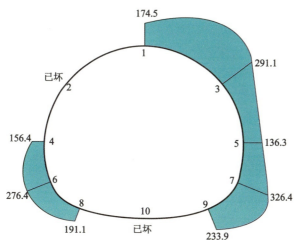

图4-8　DK210+947（断面3）初期支护围岩压力分布示意图（单位：kPa）

1~10-测点编号

由图4-8可以得知围岩压力分布特征：

①拱部围岩压力整体较大，其中拱顶围岩压力较小，为174.5kPa；上台阶左拱

67

脚处测点损坏,上台阶右拱脚处围岩压力较大,达到了291.1kPa。

②中台阶和下台阶围岩压力基本成的左右对称分布,中台阶两侧围岩压力较小,下台阶两侧围岩压力较大,分别达到了276.4kPa和326.4kPa。

③仰拱中心10号测点损坏,仰拱左、右拱腰围岩压力较大,由于隧道开挖后,中下台阶的水分向下迁移,汇集到仰拱处,加剧了隧底围岩的弱化。

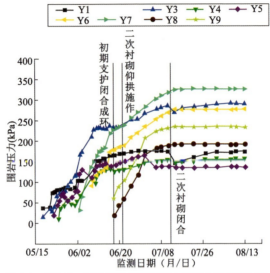

图4-9 DK210+947(断面3)围岩压力时态曲线(2018年)

由图4-9可以得知围岩压力时态特征:

1~7号测点变化规律比较类似,测试初期围岩压力增长较快,在每一步台阶开挖后,围岩压力受明显扰动,随着初期支护闭合成环,围岩压力增长速率逐渐减小。围岩压力累计观测4个月左右,多数测点逐渐趋于稳定。

(2)初期支护混凝土受力

DK210+947(断面3)的混凝土分布特征及应力时态曲线如图4-10、图4-11所示。

由图4-10可以得知混凝土应力分布特征:

①拱部混凝土应力整体较大,其中拱顶混凝土应力最大,为7.31MPa;左、右拱肩处混凝土应力较大,分别达到了6.21MPa和6.81MPa。

②中台阶和下台阶处4号测点与7号测点损坏,5、6号测点混凝土应力相对较小。

③仰拱处中心处10号测点损坏;仰拱左拱腰处8号测点表现为拉应力,为0.87MPa;仰拱右拱腰处9号测点表现为压应力,为0.81MPa。这主要是因为施工时右侧拱腰处存在超挖现象,浇筑了大量混凝土。

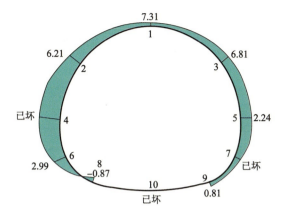

图 4-10　DK210 + 947(断面 3)混凝土应力分布特征(单位:MPa)

1 ~ 10-测点编号

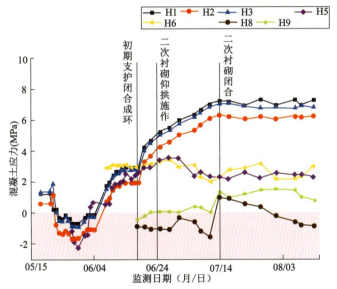

图 4-11　DK210 + 947(断面 3)混凝土应力时态曲线(2018 年)

由图 4-11 可以得知混凝土应力时态特征：

1 ~ 7 号测点变化规律比较类似,测试初期混凝土应力增长较快,在每一步台阶开挖后,混凝土应力受明显扰动,随着初期支护闭合成环,混凝土应力增长速率逐渐减小。受现场因素影响,初期支护仰拱闭合距二次衬砌仰拱施作一个多月,二次衬砌仰拱施作后,8 ~ 10 号测点受到的拉应力明显减小后趋于稳定。混凝土应力累计观测 4 个月左右,多数测点逐渐趋于稳定。

(3)初期支护与二次衬砌接触压力

DK210+947(断面3)的初期支护接触压力分布及接触压力时态曲线如图4-12和图4-13所示。

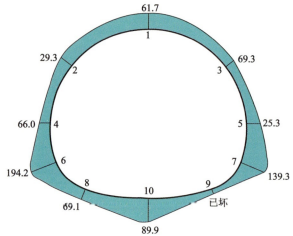

图4-12　DK210+947(断面3)接触压力分布特征(单位:kPa)
1~10-测点编号

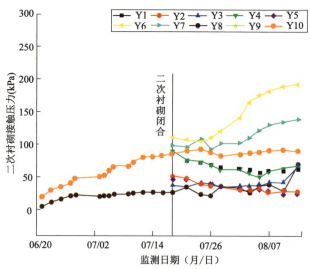

图4-13　DK210+947(断面3)接触压力时态曲线(2018年)

由图4-12可以得知接触压力分布特征:

①拱部接触压力整体偏小,其中2号测点接触压力较小,为29.3kPa。其原因主要是由于二次衬砌混凝土的施作方法,拱顶有时会产生空洞造成二次衬砌与初

期支护不能紧密接触,导致拱部接触压力偏小。

②6 号测点与 7 号测点接触压力最大,分别为 194.2kPa 与 139.3kPa。其原因主要是由于二次衬砌混凝土的施作方法,模板最下方的混凝土受重力影响与初期支护紧紧挤压在一起,导致拱部接触压力偏大。

③仰拱中心压力较两侧拱腰处压力偏大,为 89.9kPa。

由图 4-13 可以得知接触压力时态特征:二次衬砌各测点接触压力变化规律基本类似,元件埋设后第一次结果比较大,然后出现不同程度下降,之后又逐渐增大,其中 7 号测点数值逐渐减少,分析原因为二次衬砌浇筑时,模板对二次衬砌提供一定的支撑力,撤去模板后导致接触压力减小。接触压力累计观测 2 个月左右,多数测点逐渐趋于稳定。

(4)二次衬砌混凝土应力

DK210+947(断面 3)的二次衬砌混凝土应力分布特征及二次衬砌混凝土应力时态曲线如图 4-14 和图 4-15 所示。

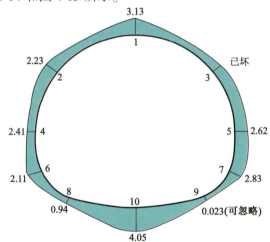

图 4-14 DK210+947(断面 3)二次衬砌混凝土应力分布特征(单位:MPa)
1~10-测点编号

由图 4-14 可以得知二次衬砌混凝土应力分布特征:

①二次衬砌混凝土应力整体分布为"头脚大,身子小"的形式,拱部二次衬砌混凝土应力整体较大,其中拱顶二次衬砌混凝土应力最大,为 3.13MPa。

②右拱肩 3 号测点损坏,左拱肩 2 号测点二次衬砌混凝土应力最大达到了 2.23MPa。

③中、下台阶处二次衬砌混凝土应力基本呈左右对称分布,这与二次衬砌接触压力表现一致。

④仰拱中心压力最大,为4.05MPa;仰拱左、右拱腰二次衬砌混凝土应力相对较小。

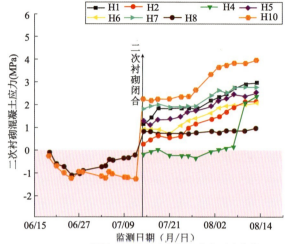

图4-15　DK210+947(断面3)二次衬砌混凝土应力时态曲线(2018年)

由图4-15可以得知二次衬砌混凝土应力时态特征:

①二次衬砌各测点接触压力变化规律基本类似,增长较为缓慢,二次衬砌仰拱施作后,8~10号测点由受到拉应力转为受压后趋于稳定。

②二次衬砌混凝土应力累计观测2个月左右,多数测点逐渐趋于稳定。

3)软塑黄土上覆于拱顶段现场监测分析

选取DK210+230(断面5)作为典型断面进行现场监测,图4-16是根据隧道地质纵断面图得出的DK210+230监测断面软塑黄土空间分布示意图,DK210+230监测断面拱顶以上软塑黄土为13.6m。

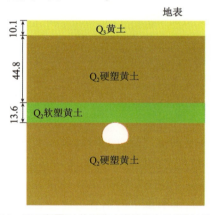

图4-16　DK210+230(断面5)软塑黄土空间分布示意图(尺寸单位:m)

(1) 围岩压力监测结果分析

DK210+230(断面5)围岩压力空间分布如图4-17所示。

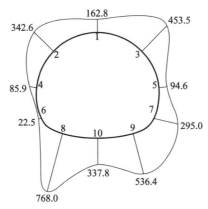

图4-17　DK210+230(断面5)围岩压力空间分布示意图(单位:kPa)

1～10-测点编号

由图4-17可以看出,DK210+230(断面5)初期支护结构不同位置所受围岩压力差别较大,围岩压力在空间分布上表现出极不均匀的特性。具体分析为:受拱顶软塑黄土层的影响,DK210+230(断面5)围岩压力整体较大,拱部和仰拱承受较大的垂直荷载作用,其中仰拱左侧8号测点所受围岩压力768.0kPa。而边墙和墙角受挤压作用相对不明显,最小值为22.5kPa,这是由于拱顶软塑黄土的存在,加大了支护结构所承受的竖向荷载引起的。墙角7号测点处围岩压力相比于6号测点围岩压力较大,这与隧道开挖至此(7号测点)处停工了一段时间,拱脚积水严重有关。拱顶软塑黄土层的存在极大地增加了初期支护所受的围岩压力,加之受水分迁移、仰拱封闭时间、二次衬砌闭合时间等综合因素的影响,支护结构强度和稳定性均面临较大威胁,施工中应引起注意。

(2) 初期支护混凝土受力监测结果分析

DK210+230(断面5)初期支护混凝土应力空间分布如图4-18所示。

由图4-18可以看出:当软塑黄土位于隧道顶部时,断面DK210+230(断面5)初期支护拱肩和仰拱两侧内力较大;拱顶测点1处受拉应力为1.73MPa,超过了初期支护混凝土C25的抗拉强度,施工中拱顶可见环向裂缝。整体而言,初期支护除仰拱中心受力较小外,其余各处所受内力均较大,右侧拱肩3号测点受力为5.69MPa,仰拱右侧9号测点受力为5.84MPa。对于拱顶存在受拉情况进行分析,这是由于初期支护拱顶所受应力最大,为整个混凝土拱圈中的薄弱环节,加之受拱脚浸水软化,不均匀下沉等因素影响,拱顶容易发生环向开裂。

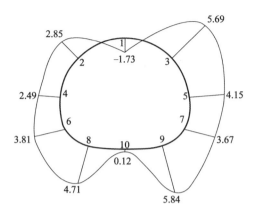

图 4-18 DK210+230(断面 5)初期支护混凝土应力空间分布示意图(单位:MPa)

1~10-测点编号

(3)初期支护与二次衬砌接触压力监测结果分析

通过监测初期支护与二次衬砌之间的接触压力来确定二次衬砌所承担压力,从而更全面地了解隧道衬砌结构整体的受力状态。

DK210+230(断面 5)处初期支护与二次衬砌接触压力空间分布如图 4-19 所示,由图可知初期支护与二次衬砌接触压力分布较为均匀,且数值不大,接触压力存在由拱顶→拱脚→边墙→仰拱逐渐增大的分布规律,且断面右上部接触压力比左上部接触压力大,断面左下部接触压力比断面右下部接触压力大,说明该断面右侧存在有偏压,与初期支护围岩压力中的右侧偏压相对应。初期支护与二次衬砌接触压力呈此空间分布的原因如下:

①此断面拱顶处分布有软塑黄土层,该软塑黄土层的厚度可能不均匀,存在隧道右侧软塑黄土层比左侧软塑黄土层厚的情况,进而由于软塑黄土强度低,自承能力差,因此右侧围岩对隧道初期支护的挤压作用较大,使初期支护发生变形,导致此处初期支护与二次衬砌接触压力较大,呈右侧偏压趋势。

②此断面二次衬砌混凝土浇筑时由于混凝土自重的影响,拱部混凝土浇筑时不如边墙处混凝土密实,导致拱部初期支护与二次衬砌接触程度较边墙与仰拱处差,所以接触压力呈现出拱部小边墙大的分布规律。

③由于仰拱自身重力且其承担了二次衬砌上部边墙与拱部所传递的重力与接触压力,该断面仰拱处初期支护与二次衬砌接触压力总体较大。

DK210+016(断面 6)初期支护与二次衬砌接触压力空间分布如图 4-20 所示,由图中可以看出该断面初期支护与二次衬砌接触压力分布不均匀,其中拱顶接触压力最大。造成接触压力呈此空间分布的原因如下:

①由于该断面二次衬砌封闭较快,初期支护在二次衬砌上部施作后仍然在围岩压力的作用下发生拱顶沉降变形,因而二次衬砌拱顶处需要承担初期支护传递下来的围岩压力,导致拱顶处初期支护与二次衬砌接触应力为该断面最大应力。

②二次衬砌混凝土浇筑时由于自身重力的影响,使得边墙墙脚处的混凝土较边墙上部混凝土密实,且边墙墙脚处所承受上部结构所传递的重力较边墙上部大,因而墙脚处的接触压力较大,达到了71.48kPa。

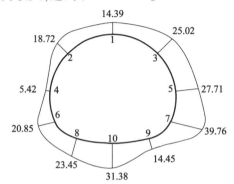

图4-19　DK210+230(断面5)初期支护与二次衬砌接触压力空间分布示意图(单位:kPa)

1~10-测点编号

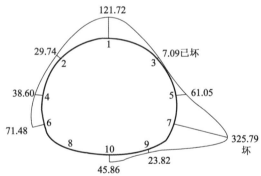

图4-20　DK210+016(断面6)初期支护与二次衬砌接触压力空间分布示意图(单位:kPa)

1~10-测点编号

该断面二次衬砌仰拱接触压力总体较小,说明隧道边墙承受并向基底传递了大部分的上部结构重力与围岩压力,因而仰拱处受力较小,大部分为自身钢筋混凝土重力。

(4)二次衬砌混凝土应力监测结果分析

DK210+230(断面5)二次衬砌混凝土应力稳定值空间分布如图4-21所示。

由图4-21可看出该断面二次衬砌混凝土应力分布不均匀,二次衬砌拱部及边墙上部混凝土应力明显很小,说明该断面初期支护承担了大部分荷载,导致二次衬砌上部混凝土应力较小。二次衬砌两侧边墙墙脚与仰拱下部左右两侧的混凝土应力较大,说明二次衬砌上部与仰拱重力有效作用在了二次衬砌之上。在二次衬砌仰拱上部中心处混凝土应力表现为较大的拉应力,而二次衬砌仰拱上部左右两侧的压应力较小,说明二次衬砌仰拱受到了两侧边墙传递的向下压力,致使形成对称于仰拱中心的一对向下的弯矩。

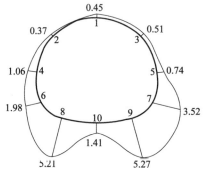

图 4-21　DK210+230(断面5)二次衬砌混凝土应力空间分布示意图(单位:MPa)
1~10-测点编号

断面 DK210+016(断面6)二次衬砌混凝土应力稳定值空间分布如图4-22所示。

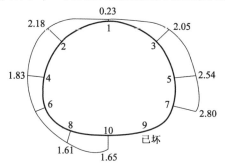

图 4-22　DK210+016(断面6)二次衬砌混凝土应力空间分布示意图(单位:MPa)

由图 4-22 可以看出该断面二次衬砌混凝土应力分布较均匀,二次衬砌拱顶混凝土应力明显小于左右两侧拱肩混凝土应力,可能是由于顶点处初期支护与二次衬砌接触压力较大,对二次衬砌拱部混凝土产生类似弹性简支梁中点受压的效果,使得二次衬砌拱部中点混凝土趋近于受拉状态,因此其压应力小于左右拱肩。

二次衬砌两侧边墙混凝土受力较为均匀,可知该断面二次衬砌边墙发挥了良好的承载与荷载传递作用。在二次衬砌仰拱上部中心处混凝土应力表现拉应力,而二次衬砌仰拱上部左右两侧为压应力,二次衬砌仰拱下部全部为压应力,说明二次衬砌仰拱受到了两侧边墙传递的向下压力,致使形成对称于仰拱中心的一对向下的弯矩。

4) 穿越软塑黄土层大断面隧道初期支护结构现场监测规律

选取上述软塑黄土层分别位于隧道拱顶、洞身和隧底的三组典型断面,对围岩与初期支护接触压力、初期支护结构应力、初期支护与二次衬砌接触压力及二次衬砌结构应力规律进行总结。

(1) 初期支护围岩压力测试结果分析

图 4-23a)、b)、c)所示分别为三个测试断面在二次衬砌施作后初期支护所承受的围岩压力。

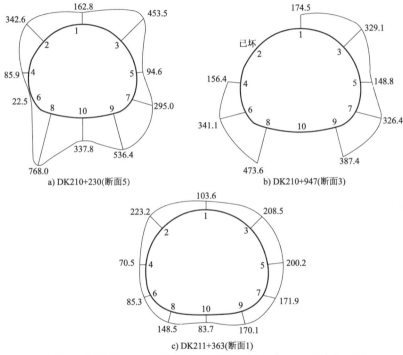

图 4-23 二次衬砌施作后初期支护承受围岩压力分布示意图(单位:kPa)

1~10-测点编号

分析图 4-23 可知:三个测试断面隧道埋深接近,但围岩压力分布差异明显。断面 5 围岩压力整体最大,拱部和仰拱承受较大的垂直荷载作用,而边墙和墙角受挤压作用相对不明显,这是由于拱顶软塑黄土的存在,加大了支护结构所承受的竖向荷载引起的。墙角 7 号测点围岩压力相比 6 号测点较大,这与隧道开挖至此(7 号测点)停工了一段时间,拱脚积水严重有关;DK210+947(断面 3)软塑黄土层位于洞身,隧道开挖过程中,掌子面土体时常塌落,台阶纵向稳定性差,边墙和墙角两侧受土体挤压作用明显,围岩压力大。测试结果显示仰拱部位所受围岩压力同样较大,可能是由于中下台阶开挖水分向下迁移,汇集到仰拱处,加剧了初期支护仰拱所受荷载;断面1处围岩压力相比前两者整体最小,三者围岩压力整体比值为2.1:1.9:1,当软塑黄土层位于隧底时,软塑层对隧道围岩压力影响相对较小。

测试断面初期支护围岩压力存在如下规律:软塑黄土位于隧道不同空间位置时,相比一般黄土地层,围岩压力普遍较大,且存在不均匀性。其与一般黄土隧道围岩压力分布相比具有共性,表现为左右拱肩处围岩压力"猫耳朵"分布特征明显,仰拱两侧相比仰拱中心围岩压力大。

(2)初期支护混凝土应力测试结果分析

图4-24a)、b)、c)所示分别为三个测试断面隧道二次衬砌施作后初期支护混凝土应力(受压为正,受拉为负)。

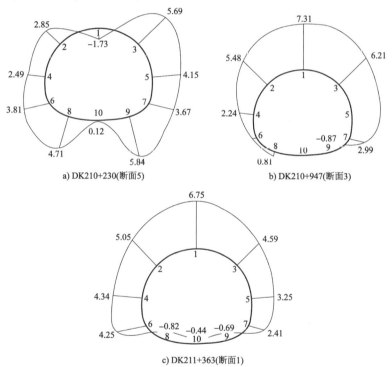

图4-24 二次衬砌施作后初期支护混凝土应力分布示意图(单位:MPa)
1~10-测点编号

分析图4-24可知:DK210+230(断面5)初期支护拱肩和仰拱两侧内力较大,拱顶应力1号测点受拉1.73MPa,超过了初期支护混凝土C25的抗拉强度,施工中拱顶可见环向裂缝;DK210+947(断面3)边墙及以上部位初期支护受力较大,上部初期支护混凝土在承受荷载和控制围岩变形方面发挥着作用显著;DK211+363

(断面1)处初期支护结构受力与DK210+947(断面3)类似,边墙处受力相对较大。受仰拱底部软塑黄土层影响,仰拱初期支护混凝土受拉,应当引起注意。

测试断面初期支护混凝土应力存在如下规律:初期支护混凝土最大压应力多见于拱顶,拱顶为初期支护混凝土拱圈中最薄弱的环节。当软塑黄土位于洞身和隧底时,受两侧拱脚下沉、仰拱中心土体向上挤压等作用,初期支护仰拱混凝土受拉。

5)穿越软塑黄土层大断面隧道二次衬砌结构现场监测规律

(1)初期支护与二次衬砌接触压力测试结果分析

图4-25a)、b)、c)所示分别为三个测试断面初期支护与二次衬砌之间接触压力。

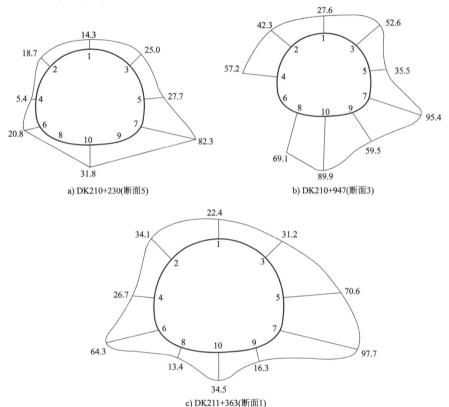

图4-25 初期支护与二次衬砌之间的接触压力分布示意图(单位:kPa)

1～10-测点编号

分析图4-25可知:DK210+947(断面3)接触压力分布较为均匀,且整体较小。这是由于从初期支护闭合成环到二次衬砌施作完成历时53d,初期支护经过较长一段时间与围岩的共同变形,已经承受了绝大部分荷载;DK210+947(断面3)边墙及边墙以下部位接触压力较大,这与其受到洞身软塑黄土的持续挤压作用有关;

DK210+230(断面5)墙角接触压力最大,下台阶开挖墙脚出现软塑黄土证明了这一点。隧道仰拱处分布有软塑黄土,但接触压力测试结果偏小,这是由于受隧底软塑黄土层影响,仰拱初期支护发生不规则变形,压力盒测试部位初期支护与二次衬砌存在脱空,致使接触压力测试值小于实际值。

测试断面初期支护与二次衬砌之间接触压力存在如下规律:初期支护与二次衬砌之间接触压力差异较大,在分布上表现为不均匀性;从整体来看,接触压力与围岩压力分布特征较为一致;受二次衬砌混凝土浇筑方法影响,仰拱及边墙处初期支护与二次衬砌接触紧密,接触压力相比上部普遍较大。

综合分析三组断面测试数据可得,无论软塑黄土层与隧道处于何种空间关系,初期支护与二次衬砌间接触压力均明显小于初期支护混凝土受到的围岩压力,初期支护在承担荷载和对围岩变形控制方面发挥着主导作用。

(2)二次衬砌混凝土应力测试结果分析

图4-26a)、b)、c)所示分别为三组测试断面二次衬砌与仰拱中混凝土应力(以受压为正)。

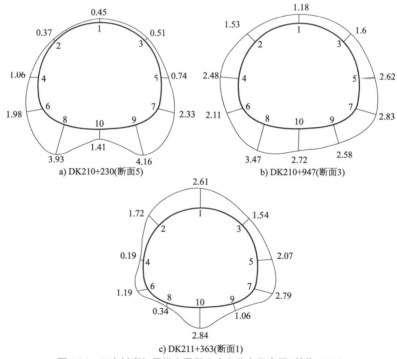

图4-26 二次衬砌与仰拱中混凝土应力分布示意图(单位:MPa)
1~10 测点编号

分析图 4-26 可知:DK210+230(断面 5)二次衬砌应力分布呈"桃"形,二次衬砌仰拱两侧混凝土受到压应力最大,这表明仰拱两侧土体承受着较大荷载;DK210+947(断面 3)二次衬砌混凝土应力分布特征与 DK210+230(断面 5)类似,受洞身软塑黄土层影响,边墙及墙脚受力比 DK210+230(断面 5)略大;DK211+363(断面 1)二次衬砌混凝土受力与前两者相比存在较大差异,当软塑黄土位于隧道底部时,二次衬砌仰拱中心和拱顶所受应力较大,仰拱中心受隧底软塑层影响,受力大于仰拱两侧。

测试断面二次衬砌混凝土基本受压,不同位置混凝土应力差别较大;二次衬砌混凝土所受应力整体表现为边墙及以下部位应力较大,拱顶处应力较小。

4.2 穿越软塑黄土层大断面隧道支护结构数值计算分析

1)软塑黄土分布于洞身段支护结构受力特性数值计算

图 4-27 和图 4-28 为初期支护下部边墙及仰拱处最大主应力和最大剪应力云图,FLAC 3D 中最大主应力为正表示拉应力,由图 4-28 可知仰拱中心处拉应力集中,拉应力最大为 1.01MPa。边墙处分布有软塑黄土,下边墙处围岩压力较大,对初期支护挤压作用较强,因此在下边墙与上边墙连接处、下边墙与仰拱连接处初期支护剪应力集中,受剪作用显著,最大剪应力达到了 2.67MPa,施工中应加强上、下边墙及下边墙与仰拱处连接,同时加强锁脚锚杆。

图 4-27　初期支护边墙及仰拱最大主应力（单位:Pa）　　　图 4-28　初期支护边墙及仰拱最大剪应力（单位:Pa）

图 4-29 与图 4-30 分别为软塑黄土层分布于洞身段落时不同工况二次衬砌轴力与二次衬砌弯矩分布示意图。通过分析可知:

①二次衬砌轴力大体上为对称分布,沿洞身分布并不均匀,大体表现为从拱顶向仰拱处传递,拱部与二次衬砌轴力偏小,仰拱处二次衬砌轴力较大。

②二次衬砌弯矩大体上为对称分布,沿洞身分布并不均匀,最大弯矩出现在拱顶,这与接触压力分布的规律相符合。

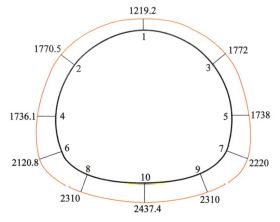

图 4-29 二次衬砌轴力分布示意图(单位:kN)
1~10-测点编号

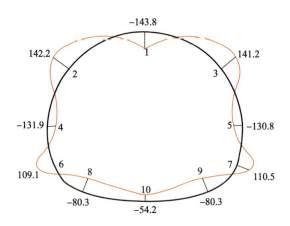

图 4-30 二次衬砌弯矩分布示意图(单位:kN·m)
1~10-测点编号

2)软塑黄土分布于隧底段支护结构受力特性数值计算

隧道施工中仰拱处受力较为复杂,经历了先卸载后加载的过程,且隧底围岩应力重分布的时间较长,不同阶段仰拱的受力状态也不同,一般情况下仰拱受力经历受弯→受压→受弯→受压几个阶段,即仰拱开挖后到二次衬砌施作前,在隧底围岩向上的释放荷载的作用下仰拱受弯,其所受拉应力也最大,为最不利受力状态;二次衬砌施作封闭成环后在衬砌自重及上部传递下来的围岩压力作用下,仰拱受压;随后隧底围岩应力释放荷载又起主导作用,仰拱又处于受弯状态;最后在轨道铺设及列车荷载作用下仰拱又处于受压状态。隧底围岩越软弱,仰拱变形和受力的变化幅度也越大。本次数值模拟主要研究施工期间初期支护的受力状态,因此取二次衬砌施作前仰拱处于最不利受力状态的阶段进行分析。

图 4-31 ~ 图 4-34 分别为 $H_1 = 1m$ 和 $H_1 = 10m$ 时初期支护仰拱最大主应力和最大剪应力云图,图 4-35 为不同工况初期支护仰拱应力变化曲线。

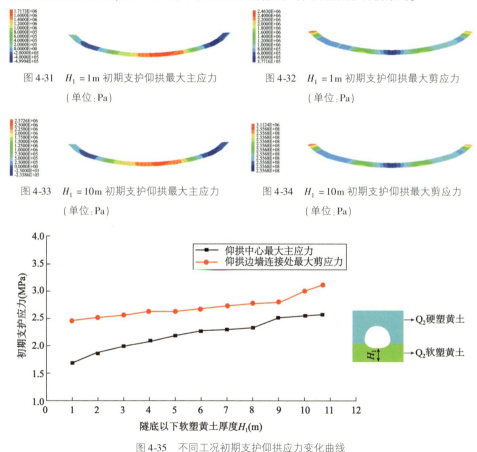

图 4-31 $H_1 = 1m$ 初期支护仰拱最大主应力(单位:Pa)

图 4-32 $H_1 = 1m$ 初期支护仰拱最大剪应力(单位:Pa)

图 4-33 $H_1 = 10m$ 初期支护仰拱最大主应力(单位:Pa)

图 4-34 $H_1 = 10m$ 初期支护仰拱最大剪应力(单位:Pa)

图 4-35 不同工况初期支护仰拱应力变化曲线

由图 4-31 和图 4-33 可知,在隧底围岩开挖后向上释放荷载作用下,仰拱中心处拉应力最大,呈受弯状态,仰拱与边墙连接处由于要承担上部边墙传递下来的围岩压力,因此呈受压状态。

由图4-32和图4-34可知,初期支护仰拱在其与下部边墙连接处剪应力达到最大值,这是由于墙角处围岩压力较大,初期支护受软塑黄土的挤压作用较强。

由图4-35可知,随着隧底以下软塑黄土厚度(H_1)的增大,仰拱中心处受到的拉应力与下部边墙连接处受到的剪应力越大。其中拉应力在$H_1=2m$时就达到了1.87MPa,超过C25混凝土抗拉强度;剪应力在$H_1=2m$时就达到了2.51MPa,超过C25混凝土抗剪强度。

图4-36与图4-37分别为软塑黄土层分布于隧底段落时不同工况二次衬砌轴力与二次衬砌弯矩分布示意图。通过分析可知:

①二次衬砌轴力大体上为对称分布,沿洞身分布并不均匀,大体表现为从拱顶向仰拱处传递,拱部与二次衬砌轴力偏小,仰拱处二次衬砌轴力较大;二次衬砌弯矩大体上为对称分布,沿洞身分布并不均匀,最大弯矩出现在拱顶。这与接触压力分布的规律相符合。

②随着H_1的增大,二次衬砌轴力整体呈增大趋势,二次衬砌弯矩除仰拱呈增大趋势外,其余部位都呈减小趋势,其中仰拱中心处轴力由2242.8kN增大至2436.4kN,仰拱中心处弯矩由64.6kN·m增大至76.7kN·m。这是因为随着隧底下方软塑黄土层厚度的增加,仰拱处围岩强度降低,稳定性变差,隧底产生隆起,边墙两侧硬塑黄土分布厚度增加,围岩强度提高,侧压力系数减小导致。

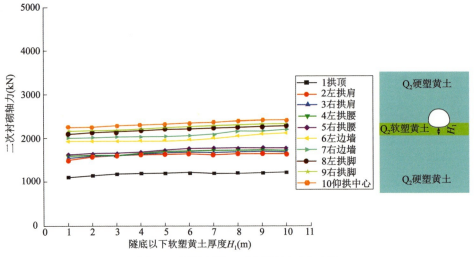

图4-36　不同工况下二次衬砌轴力变化曲线

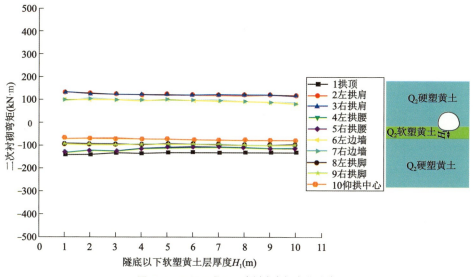

图 4-37　不同工况下二次衬砌弯矩变化曲线

③仰拱处二次衬砌弯矩随着 H_1 的增大而增大,在 $H_1>8\mathrm{m}$ 处增大趋势减弱。这是因为在穿越软塑黄土层Ⅳ段落后期, H_1 将不是影响隧道的主要因素,虽然隧底软塑黄土层厚度虽然增加,但洞身的软塑黄土层厚度随之减少,这与接触压力变化规律相符合。

3) 软塑黄土层下伏于隧底段支护结构受力特性

图 4-38～图 4-41 分别为 $H_2=1\mathrm{m}$ 和 $H_2=7\mathrm{m}$ 时初期支护仰拱最大主应力和最大剪应力云图,图 4-42 为不同工况初期支护仰拱应力变化曲线。

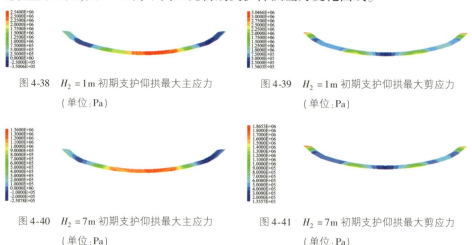

图 4-38　$H_2=1\mathrm{m}$ 初期支护仰拱最大主应力（单位:Pa）

图 4-39　$H_2=1\mathrm{m}$ 初期支护仰拱最大剪应力（单位:Pa）

图 4-40　$H_2=7\mathrm{m}$ 初期支护仰拱最大主应力（单位:Pa）

图 4-41　$H_2=7\mathrm{m}$ 初期支护仰拱最大剪应力（单位:Pa）

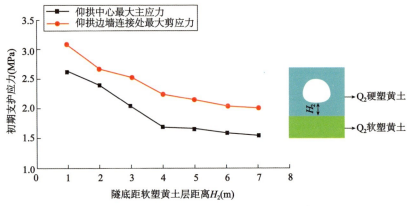

图 4-42　不同工况初期支护仰拱应力变化曲线

由图 4-38 和图 4-40 可知,在隧底围岩向上隆起的挤压作用下,初期支护仰拱中心处受弯(拉),同时仰拱与下部边墙连接处受压;由图 4-39 和图 4-41 可知,仰拱与下部边墙连接处剪应力集中分布,这是由于墙角处围岩压力相对较大。

由图 4-42 可知,随着隧底距软塑黄土层距离 H_2 逐渐增大,同时隧道埋深的逐渐减小,初期支护仰拱中心处拉应力最大值以及仰拱与下部边墙连接处剪应力最大值均减小。当 $H_2 \leqslant 4m$ 时,在 H_2 增大和埋深减小双重因素的作用下,拉应力和剪应力最大值减小幅度较大;当 $H_2 > 4m$ 时,H_2 的影响作用较弱,在埋深减小影响下拉应力和剪应力最大值减小幅度明显变缓;在 $H_2 = 4m$ 时仰拱中心拉应力减小至 1.53MPa;在 $H_2 = 3m$ 时,仰拱与边墙连接处剪应力减小至 2.4MPa。

图 4-43 与图 4-44 分别为软塑黄土层下伏于隧底段落时不同工况二次衬砌轴力与二次衬砌弯矩分布示意图。通过分析可知:

①二次衬砌轴力大体上为对称分布,沿洞身分布并不均匀,大体表现为从拱顶向仰拱处传递,拱部与二次衬砌轴力偏小,仰拱处二次衬砌轴力较大;二次衬砌弯矩大体上为对称分布,沿洞身分布并不均匀,最大弯矩出现在拱顶,这与接触压力分布的规律相符合。

②随着 H_2 的增大,二次衬砌轴力与弯矩整体呈减小趋势,其中仰拱中心处轴力由 2241.6kN 增大至 2017.4kN,仰拱中心处弯矩由 73.6kN·m 增大至 58.9kN·m。这是因为随着软塑黄土层距隧底的距离增加,隧底围岩强度增加,稳定性变好,隧底隆起减少导致的。

③二次衬砌轴力与弯矩在 $H_2 > 4m$ 时趋于平稳。这是因为在穿越软塑黄土层 V 段落后期,H_2 将不是影响隧道的主要因素,软塑黄土层距离隧道拱顶距离较远,拱顶周围围岩大多为 Q_2 硬塑黄土,软塑黄土层对隧道的影响已经变弱。

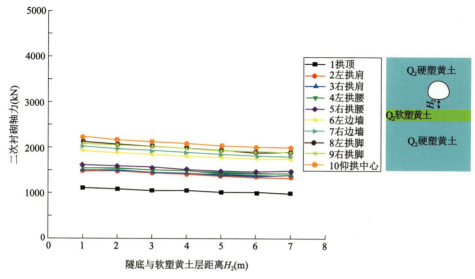

图 4-43 不同工况下二次衬砌轴力变化曲线

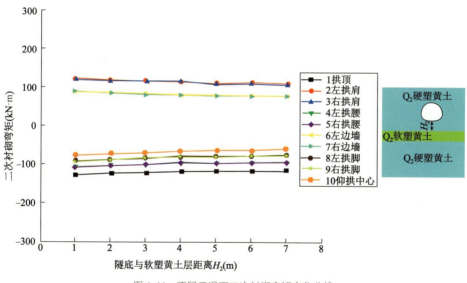

图 4-44 不同工况下二次衬砌弯矩变化曲线

4）软塑黄土分布于拱顶段支护结构受力数值计算

图 4-45 ~ 图 4-48 为各工况下初期支护最小主应力云图,图 4-49 为不同工况下初期支护最小主应力的变化曲线,h_1 为拱顶以上软塑黄土厚度。

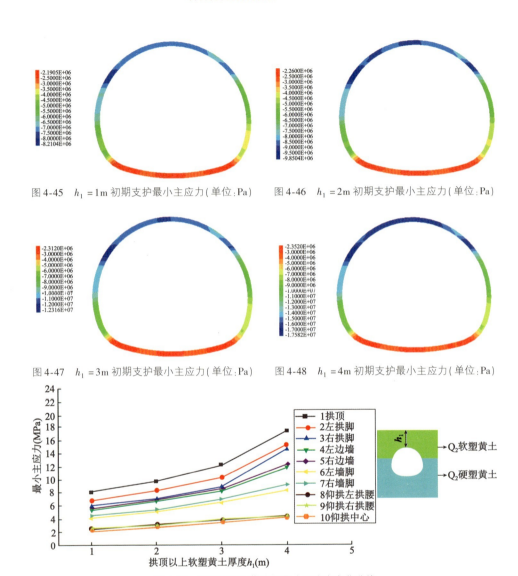

图 4-45 $h_1 = 1m$ 初期支护最小主应力(单位:Pa)
图 4-46 $h_1 = 2m$ 初期支护最小主应力(单位:Pa)
图 4-47 $h_1 = 3m$ 初期支护最小主应力(单位:Pa)
图 4-48 $h_1 = 4m$ 初期支护最小主应力(单位:Pa)

图 4-49 不同工况初期支护最小主应力变化曲线

由图 4-45~图 4-48 可知,初期支护最小主应力在计算监测断面处的分布形式为:拱部较大,边墙次之和仰拱处较小。由于在 FLAC 3D 中最小主应力为负值代表压应力,因此压应力在拱部集中分布,表明拱部承压显著,这与拱部围岩压力分布较大的规律相符合。由图 4-49 可知:随着拱顶以上软塑黄土厚度 h_1 的逐渐增大,计算监测断面各部位压应力逐渐增大,其中拱部压应力增大幅度较大,$h_1 = 4m$ 时压应力为 17.5MPa。

图 4-50 与图 4-51 分别为软塑黄土分布于拱顶段落时不同工况二次衬砌轴力与二次衬砌弯矩分布示意图。

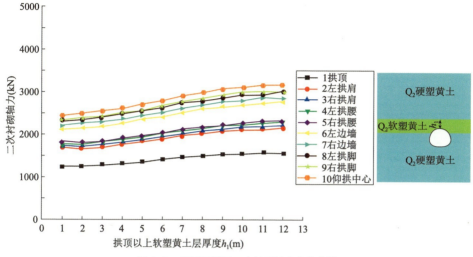

图 4-50　不同工况下二次衬砌轴力变化曲线

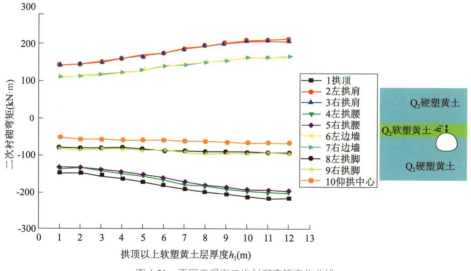

图 4-51　不同工况下二次衬砌弯矩变化曲线

通过分析可知：

①二次衬砌轴力大体上为对称分布，沿洞身分布并不均匀，大体表现为从拱顶向仰拱处传递，拱部与二次衬砌轴力偏小，仰拱处二次衬砌轴力较大；二次衬砌弯矩大体上为对称分布，沿洞身分布并不均匀，最大弯矩出现在拱顶，这与接触压力

分布的规律相符合。

②随着 h_1 的增大,二次衬砌轴力与弯矩整体呈增大趋势,其中仰拱中心处轴力由 2461kN 增大至 3168.6kN;拱顶弯矩由 145.7kN·m 增大至 216.5kN·m。这是因为随着拱顶上方软塑黄土层厚度的增加,顶部围岩强度降低,稳定性变差,成拱能力变弱所导致。

③二次衬砌轴力与弯矩在 $h_1 > 3m$ 时急剧增大,在 $h_1 > 10m$ 时增长变缓。这是因为在穿越软塑黄土层前期,由于管棚加固区的作用,软塑黄土层在拱顶上方分布厚度未超过管棚加固区的厚度时,围岩压力增长尚不明显致使二次衬砌轴力与弯矩增长缓慢;软塑黄土层在拱顶上方分布厚度一旦超过管棚加固区的厚度后,围岩压力增长明显致使二次衬砌轴力与弯矩迅速增长;而在穿越软塑黄土层Ⅱ段落后期,h_1 将不是影响隧道的主要因素,这是因为虽然拱部软塑黄土层厚度虽然增加,但软塑黄土层的厚度总厚度并未增加,围岩压力的增长有限致使二次衬砌轴力与弯矩增长缓慢。

5)软塑黄土上覆于拱顶段初期支护受力数值计算

图 4-52 ~ 图 4-55 分别为 $h_2 = 1m$、$h_2 = 3m$、$h_2 = 7m$ 和 $h_2 = 10m$ 时初期支护最小主应力云图(h_2 为拱顶与软塑黄土层间距离),图 4-56 所示为计算监测断面各部位初期支护最小主应力随 h_2 变化曲线。

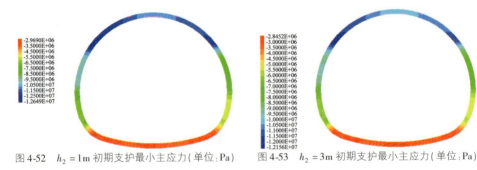

图 4-52　$h_2 = 1m$ 初期支护最小主应力(单位:Pa)　　图 4-53　$h_2 = 3m$ 初期支护最小主应力(单位:Pa)

图 4-54　$h_2 = 7m$ 初期支护最小主应力(单位:Pa)

图 4-55　$h_2 = 10m$ 初期支护最小主应力

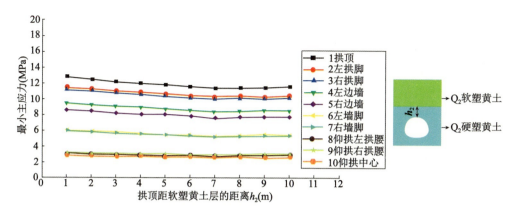

图 4-56　不同工况初期支护最小主应力变化曲线

由图 4-52～图 4-55 可知:初期支护压应力在拱部较大,其中左右拱脚处最大,拱脚处压应力集中,施工过程中应加强锁脚锚杆的作用。

计算监测断面各部位初期支护压应力随 h_2 的增大也呈先减小后增大的变化规律,这与围岩压力的变化规律一致。同样说明 $h_2 \leqslant 7m$ 时软塑黄土层对隧道的影响仍然较大,$h_2 = 1m$ 时初期支护压应力最大为 12.8MPa。

图 4-57 与图 4-58 分别为软塑黄土层上覆于拱顶段落时不同工况二次衬砌轴力与二次衬砌弯矩分布示意图。

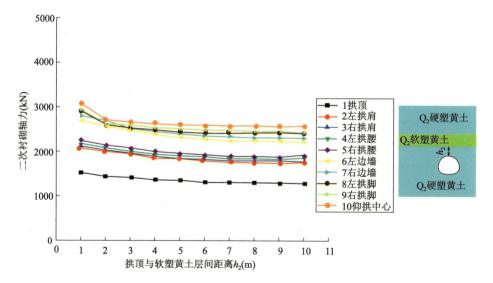

图 4-57　不同工况下二次衬砌轴力变化曲线

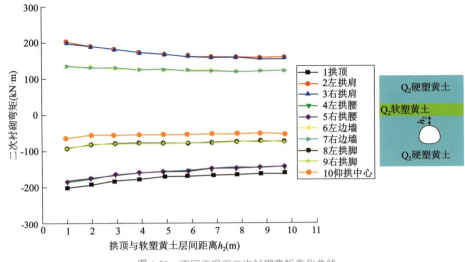

图 4-58　不同工况下二次衬砌弯矩变化曲线

二次衬砌轴力大体上为对称分布,沿洞身分布并不均匀,表现为从拱顶向仰拱处传递,拱部与二次衬砌轴力偏小,仰拱处二次衬砌轴力较大;二次衬砌弯矩大体上为对称分布,沿洞身分布并不均匀,最大弯矩出现在拱顶,这与接触压力分布的规律相符合。

随着 h_2 的增大,二次衬砌轴力与弯矩整体呈减小趋势,其中仰拱中心处轴力由 3089kN 减小至 2560.4kN,拱顶弯矩由 202.1kN·m 减小至 160.9kN·m。这是因为随着软塑黄土层厚距拱顶的距离增加,顶部围岩强度增加,稳定性变好,成拱能力恢复导致的。

二次衬砌轴力与弯矩在 $h_2 > 7m$ 时减小变缓,这是因为在穿越软塑黄土层Ⅲ段落后期,h_2 将不是影响隧道的主要因素,软塑黄土层距离隧道拱顶距离较远,拱顶周围围岩大多为 Q_2 硬塑黄土,软塑黄土层对隧道的影响已经变弱。

6)支护结构力学特性规律

(1)软塑黄土分布于洞身段支护结构受力规律

软塑黄土分布于洞身时,边墙及墙脚处由于围岩强度较低,围岩压力较大,初期支护剪应力在上下边墙连接处及下边墙与仰拱连接处应力集中。施工中应加强边墙与仰拱连接处,同时对边墙处围岩进行加固处理。拱腰与边墙处的接触压力偏大,边墙处二次衬砌弯矩偏大。

(2)软塑黄土分布于隧底段支护结构受力规律

软塑黄土分布于隧底时,下部边墙及隧底处围岩强度低,自承能力差,隧底围岩向上隆起对仰拱的挤压作用明显,同时墙脚处围岩压力也较大。初期支护仰拱中心在隧底围岩挤压作用下受拉明显,仰拱与下部边墙连接处剪应力集中,随着 H_1 增大,施工中应对墙脚连接处锁脚锚杆加强处理,同时对墙脚及隧底围岩进行加固处理,防止后期运营期间仰拱出现底鼓和不均匀沉降。仰拱处接触压力随 H_1 的增大逐渐增大,在 $H_1 > 8m$ 时几乎不受影响;仰拱处二次衬砌弯矩随 H_1 的增大逐渐增大,在 $H_1 > 8m$ 时几乎不受影响;二次衬砌轴力随 H_1 的增大逐渐增大。

(3)软塑黄土下伏于隧底时支护结构受力规律

通过分析围岩压力和初期支护应力可知,当 $H_2 \leq 4m$ 时,下伏于隧底的软塑黄土层对初期支护受力仍有一定的影响。表现为围岩压力和初期支护应力减小幅度相对 $H_2 > 4m$ 时的减小幅度较大,同时初期支护仰拱中心受弯明显。拱顶及左右拱肩处接触压力随 H_2 的增大逐渐减小,在 $H_2 > 4m$ 时几乎不受影响;二次衬砌弯矩和轴力随 H_2 的增大逐渐减小,在 $H_2 > 4m$ 时几乎不受影响。

(4)软塑黄土分布于拱顶段支护结构受力规律

由于掌子面斜前方围岩强度低,当 $h_1 > 3m$ 时,采用超前小导管注浆的方式达不到预支护效果,超前小导管分担的应力释放荷载较小,初期支护承担的围岩压力较大,因此在 $h_1 > 3m$ 时应加强超前支护措施。拱顶及上台阶拱肩处接触压力和二次衬砌弯矩在 $h_1 > 10m$ 时增长变缓,二次衬砌轴力和弯矩在 $h_1 > 10m$ 时增长变缓。

(5)软塑黄土层上覆于拱顶段支护结构受力规律

从围岩压力和初期支护压应力随 h_2 的增大呈先减小后增大的变化趋势可以看出,$h_2 \leq 7m$ 时软塑黄土层对隧道的影响较强,围岩压力和初期支护压应力相对较大;$h_2 > 7m$ 时影响弱,围岩压力和初期支护压应力相对较小。拱顶及上台阶拱肩处接触压力随 h_2 的增大逐渐减小;拱顶及上台阶拱肩二次衬砌弯矩随 h_2 的增大逐渐减小,在 $h_2 > 7m$ 时几乎不受影响;二次衬砌轴力随 h_2 的增大逐渐减小,在 $h_2 > 7m$ 时几乎不受影响。

4.3 实测值与计算值对比分析

虽然数值计算能比较全面地分析隧道施工过程中初期支护的受力状态,但因其简化了计算模型和现场实际施工的复杂性,其计算结果有可能不能真实地反映初期支护的受力状态;现场测试结果也会因测试精度和施工因素的干扰无法与真实情况相符合。通过结合数值计算和实测结果,对初期支护的受力特性进行对比分析。

1)初期支护混凝土应力

FLAC 3D 数值计算得到的初期支护最大主应力反映其受拉状态,最小主应力反映其受压状态。通过数值计算和现场监测可知,拱部及边墙处初期支护主要受压,仰拱处受拉。将拱部和边墙初期支护最小主应力计算值与实测应力值相比较,将仰拱处最大主应力计算值与实测应力值相比较,由于二次衬砌封闭前仰拱处于最不利状态,因此取二次衬砌封闭前初期支护应力进行对比分析。初期支护混凝土应力的对比情况见表4-1。

初期支护混凝土应力对比表(单位:MPa)　　　　　表4-1

断面里程	拱顶	左拱肩	右拱肩	左拱腰	右拱腰	左边墙	右边墙	左拱脚	右拱脚	仰拱中心
DK211+363 实测值	6.75	5.05	4.59	4.34	3.25	4.25	2.41	-1.82	-1.69	-1.74
DK211+363 计算值	6.74	7.35	7.24	5.18	3.35	4.63	4.80	-1.51	-1.38	-1.91
DK210+947 实测值	7.31	6.21	6.81	—	2.24	2.99	—	-1.87	1.81	—
DK210+947 计算值	8.1	9.08	8.61	6.52	5.22	6.25	6	-1.41	-1.18	-1.83

注:正值为受压;负值为受拉。

通过对比发现数值计算初期支护混凝土应力与实测初期支护混凝土应力其空间分布规律基本一致,都呈拱部较大,拱腰处次之,仰拱处于受拉状态的空间分布形态,数值计算初期支护混凝土应力较实测值较大。分析其原因:一方面是实测得到轴向混凝土应力较数值模拟出的最小主应力偏小;另一方面,模拟时对初期支护使用了等效模量,这样把钢拱架与混凝土看为一个整体,使混凝土承受了更多的应力,使模拟值偏大。其中DK211+363断面拱腰处呈现左右非对称分布,是因为现场工程地质环境复杂,这与围岩压力分布规律相同。总体来看,数值计算与实测值结果较为吻合,揭示出软塑黄土空间分布对初期支护混凝土应力分布的影响。

2)二次衬砌混凝土应力

将数值模拟得出的二次衬砌轴力与弯矩换算为外侧混凝土应力,混凝土应力的对比情况见表4-2。

二次衬砌混凝土应力对比表(单位:MPa)　　　　　表4-2

断面里程	拱顶	左拱肩	右拱肩	左拱腰	右拱腰	左边墙	右边墙	左拱脚	右拱脚	仰拱中心
DK211+363 实测值	2.60	1.72	1.54	0.19	2.07	1.19	2.79	0.30	0.07	2.84
DK211+363 计算值	2.49	2.20	2.15	1.57	1.28	2.68	2.52	0.72	0.83	3.207
DK210+947 实测值	3.13	2.23	—	2.41	2.62	2.11	2.83	0.94	—	4.05
DK210+947 计算值	3.13	2.57	2.68	2.39	2.79	2.72	2.93	0.82	0.93	4.55

通过对比发现实测值与计算值其空间分布规律基本一致,都呈拱顶和仰拱中心较大,拱腰较小的空间分布形态。其中DK211+363断面拱腰处呈现左右非对称分布,是因为现场工程地质环境复杂,软塑黄土层在拱腰处非对称分布。总体来看,数值计算与实测值结果较为吻合,揭示出软塑黄土空间分布对围岩压力分布的影响。

3)软塑黄土层与隧道空间关系分类

上阁村隧道在穿越软塑黄土层过程中,软塑黄土分布于隧道不同位置(拱顶、洞身及隧底),前述章节分析了软塑黄土分布于隧道不同位置时施工期间围岩变形规律和初期支护受力特征,现将其归纳总结,见表4-3。

围岩变形规律和初期支护受力特性总结表　　　　　表4-3

里程	空间变量	围岩变形规律	初期支护受力特征
DK211+200~DK211+322	洞身处分布软塑黄土	(1)拱部整体下沉,拱脚沉降大于拱顶沉降; (2)边墙水平位移较大,下边墙内挤明显; (3)掌子面纵向位移较大	(1)边墙及墙脚处围岩压力相对较大; (2)上下边墙连接处、墙脚与仰拱连接处剪应力集中
DK211+322~DK211+920	隧底以下软塑黄土厚度 $0 \leq H_1 \leq 10.7m$	(1)拱顶沉降较小,初期支护闭合后拱顶沉降较大; (2)下边墙水平收敛较大; (3)隧底围岩隆起较大,掌子面较稳定	(1)墙角处围岩压力相对较大; (2)仰拱受拉、受剪明显
DK211+920~DK212+288	隧底与下伏软塑黄土层间距离 $H_2 \leq 4m$	(1)隧底围岩变形值较大,大于拱顶沉降值; (2)下边墙支护净空水平收敛较大,掌子面稳定	(1)墙角处围岩压力相对较大; (2)仰拱受拉、受剪明显

续上表

里　程	空间变量	围岩变形规律	初期支护受力特征
DK212+288～DK212+650	隧底与下伏软塑黄土层间距离 $H_2>4m$	(1)拱顶沉降和水平收敛值较小；(2)掌子面稳定	(1)围岩压力较小；(2)仰拱受拉、受剪较弱
DK211+200～DK211+078	拱顶以上软塑黄土厚度 $h_1 \leq 3m$	(1)拱顶沉降及水平收敛值较大；(2)掌子面纵向位移较大	(1)拱部围岩压力较大；(2)初期支护压应力较大
DK211+078～DK210+510	拱顶以上软塑黄土厚度 $3m<h_1 \leq 13.8m$	(1)拱顶沉降和水平收敛值过大；(2)掌子面纵向位移过大	(1)拱部围岩压力急剧增大；(2)初期支护拱部压应力较大
DK210+510～DK210+035	拱顶距上覆软塑黄土层距离 $h_2 \leq 8m$	(1)支护净空拱顶沉降值较大,超过18cm；(2)掌子面较稳定,纵向位移较小	围岩压力和初期支护压应力随 h_2 增大而减小
DK210+035～DK200+746	拱顶与上覆软塑黄土层间距离 $h_2>8m$	(1)拱顶沉降、水平收敛值较小；(2)掌子面纵向位移较小,围岩变形稳定	围岩压力和初期支护压应力随 h_2 增大而缓慢增大
DK200+746～DK209+305	拱顶与上覆软塑黄土层间距离 $h_2>10m$	(1)围岩稳定,变形量小	围岩压力较小；初期支护受力稳定

通过表4-3中对大断面隧道穿越软塑黄土层围岩变形规律和初期支护受力特征的总结,针对上阁村隧道,考虑软塑黄土层厚度、埋深、水分迁移等因素,基于软塑黄土层对隧道的影响程度,将软塑黄土层与隧道的空间关系分为8类,如图4-59和表4-4所示。

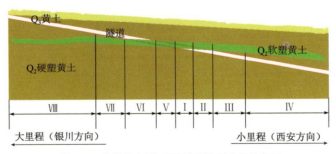

图4-59　软塑黄土层与隧道空间关系分类示意图

软塑黄土层与隧道空间关系分类表　　　　　　　　表 4-4

软塑黄土分布位置	里 程 段	具体分布位置	空间关系分类	软塑黄土对隧道的影响程度
拱顶	DK211+200~DK211+078	拱顶、洞身	Ⅰ	强
	DK211+78~DK210+510	拱顶	Ⅱ	很强
	DK210+510~DK210+035	上覆于拱顶	Ⅲ	很强
	DK210+035~DK208+625	上覆于拱顶	Ⅳ	强
洞身	DK211+200~DK211+322	洞身	Ⅴ	强
隧底	DK211+322~DK211+920	隧底	Ⅵ	强
	DK211+920~DK212+288	下伏于隧底	Ⅶ	较强
	DK211+288~DK213+817	下伏于隧底	Ⅷ	弱

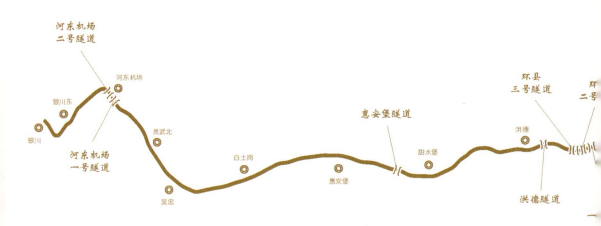

第5章

软塑黄土层大断面隧道变形规律

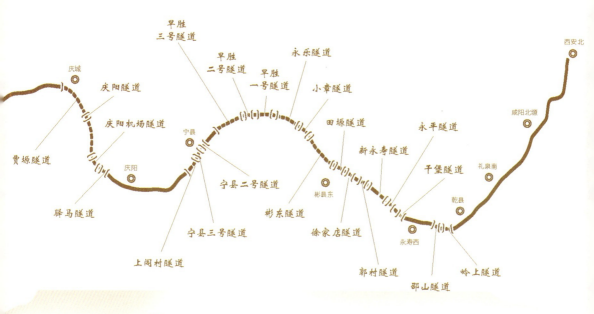

本章选取上阁村隧道穿越软塑黄土层的164个断面进行现场变形监测,根据空间关系划分分别对拱顶下沉及净空收敛测数据进行统计分析,给出按里程绘制的拱顶下沉及净空收敛分布情况。通过43组工况的数值计算对穿越软塑黄土层过程中软塑黄土分布于隧道不同位置时围岩变形规律进行总结分析。

5.1 软塑黄土空间分布变化特征

由上阁村隧道穿越软塑黄土层段的地质纵断面(图5-1)可知,隧道穿越软塑黄土层的特点如下:

(1)软塑黄土基本呈层状水平分布。
(2)隧道的纵向坡度为2.5%,穿越软塑黄土层隧道段落较长,约1.7km。
(3)大里程斜上穿越软塑黄土层,小里程斜下穿越软塑黄土层。
(4)穿越过程中软塑黄土将出现在隧道的不同位置(如拱顶、洞身及隧底)。

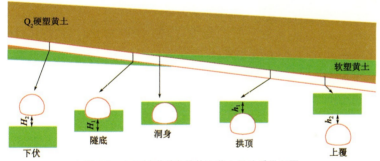

图5-1 上阁村隧道穿越软塑黄土层地质纵断面

由于软塑黄土强度低,自稳能力差,其分布于隧道不同位置势必会影响施工过程中围岩的变形规律。为更清楚地了解穿越软塑黄土层过程中软塑黄土相对于隧道的空间关系,可以通过定义一些空间变量来体现。通过定义拱顶以上软塑黄土的厚度(h_1)和拱顶与软塑黄土层间的距离(h_2)体现斜下穿越软塑黄土层过程中软塑黄土的空间分布变化特征;通过定义隧底以下软塑黄土的厚度(H_1)和隧底与软塑黄土层间的距离(H_2)来体现斜上穿越软塑黄土层过程中软塑黄土的空间分布变化特征。本次研究范围为隧底距软塑黄土层以下4m及拱顶与软塑黄土层以上10m。

现场变形监测数据及分析

1)软塑黄土下伏于隧底现场监测结果分析

软塑黄土下伏于隧底如图 5-2 所示。选取上阁村隧道 DK212+181～DK211+922 段 50 个现场断面进行现场监测,对拱顶下沉及净空收敛测数据进行统计分析,各测试断面在开挖后所测得的拱顶沉降和净空收敛如图 5-3 所示。由图可知,软塑黄土下伏于隧底时,实测拱顶沉降值最大为 9.1cm,最小值为 3.4cm;实测净空收敛最大值为 8.5cm,最小值为 3.6cm。拱顶沉降及净空收敛值较小,说明随着 H_2 的变化也就是软塑黄土距隧底硬夹层厚度的变化,软塑黄土层对隧道拱顶沉降及净空收敛影响不大。

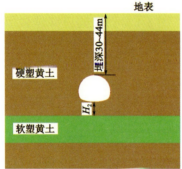

图 5-2 软塑黄土下伏于隧底示意图

选取不同空间关系下的典型断面对隧道变形时间演化规律进行分析,时态变形曲线如图 5-4、图 5-5 所示。由图可知,三个监测断面拱顶沉降和净空收敛值都呈现先增大后稳定的趋势,在 16d 后隧道初期支护封闭成环后拱顶沉降和净空收敛值保持稳定。

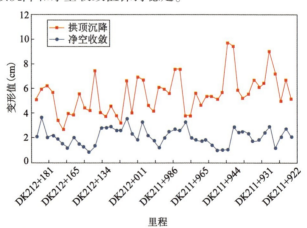

图 5-3 软塑黄土下伏于隧底拱顶沉降及净空收敛统计

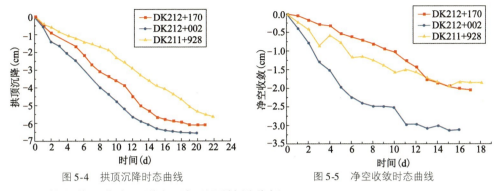

图 5-4 拱顶沉降时态曲线　　　　图 5-5 净空收敛时态曲线

2) 软塑黄土分布于隧底现场监测结果分析

软塑黄土分布于隧底如图 5-6 所示,选取上阁村隧道 DK211+620~DK211+326 段 55 个断面进行现场监测,对拱顶下沉及净空收敛测数据进行统计分析,各测试断面在开挖后所测得的拱顶沉降和净空收敛如图 5-7 所示。由图可知,软塑黄土分布于隧底时,实测拱顶沉降值最大为 9.6cm,最小值为 4.3cm,拱顶沉降与软塑黄土分布于隧底时的拱顶沉降量基本保持一致,说明软塑黄土分布于隧底时对隧道拱顶沉降影响较小。随着 H_1 的增大,也就是软塑黄土层有隧底上移至边墙,净空收敛值迅速增大。实测净空收敛最大值在 DK211+365 断面达到为 9.5cm,净空收敛与拱顶沉降量之比接近于1,说明软塑黄土层分布于拱腰位置时,对净空收敛影响大。

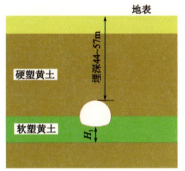

图 5-6 软塑黄土分布于隧底示意图

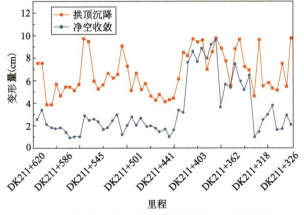

图 5-7 软塑黄土分布于隧底拱顶沉降及净空收敛统计

选取不同空间关系下的典型断面对隧道变形时间演化规律进行分析,时态变形曲线如图5-8、图5-9所示。由图可知,三个监测断面拱顶沉降和净空收敛值都呈现先增大后稳定的趋势。DK211+403断面净空收敛速率在前28d迅速增长,此后持续稳定增长,在38d(二次衬砌施作前)仍不能稳定,此时软塑黄土分布于拱腰,边墙软塑黄土围岩软弱,变形时间长,导致净空收敛变形量大、变形时间长。隧道向银川方向开挖至DK211+501断面时,软塑黄土层脱离边墙下移至隧底,净空收敛累积值和收敛速率均有所减小且在20d后基本保持稳定。

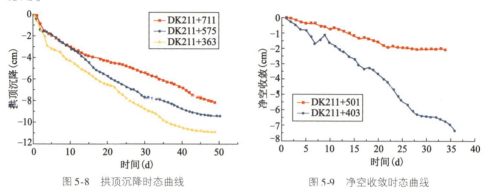

图5-8 拱顶沉降时态曲线　　　　图5-9 净空收敛时态曲线

3)软塑黄土分布于洞身现场监测结果分析

软塑黄土分布于洞身如图5-10所示,选取上阁村隧道DK212+181～DK211+922段24个断面进行现场监测,对拱顶下沉及净空收敛测数据进行统计分析,各测试断面在开挖后所测得的拱顶沉降和净空收敛如图5-11所示。

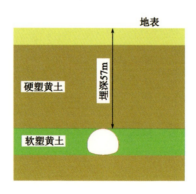

图5-10 软塑黄土分布于洞身示意图

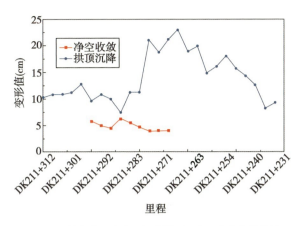

图 5-11 软塑黄土分布于洞身拱顶沉降及净空收敛统计

由图 5-11 可知,受 1 号斜井挑顶施工的影响,隧道向银川、西安方向开挖 50m 左右拱顶沉降量比较大,最大达到了 23cm。隧道向银川方向开挖,拱顶逐渐脱离软塑黄土层,拱顶沉降量迅速下降。

隧道向西安方向开挖,隧道受斜井施工的影响减弱,拱顶沉降有所减小。因软塑黄土向洞内挤压,围岩稳定性差,现场常发生中下台阶拱脚浸水等围岩劣化现象。

4)软塑黄土分布于拱顶现场监测结果分析

软塑黄土分布于拱顶如图 5-12 所示,选取上阁村隧道 DK212+101~DK211+017 段 19 个现场断面进行现场监测,各测试断面在开挖后所测得的拱顶沉降和净空收敛如图 5-13 所示。

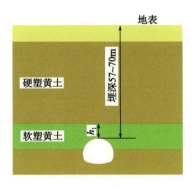

图 5-12 软塑黄土分布于拱顶示意图

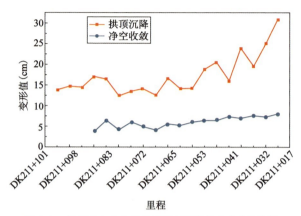

图 5-13　软塑黄土分布于拱顶拱顶沉降及净空收敛统计

由图 5-13 可知,隧道向西安方向开挖,拱顶以上软塑黄土层厚度越来越大,拱顶沉降呈指数型增长。沉降速率也较大,部分速率在 20mm/d 以上。现场施工灾害频发,墙脚、仰拱积水严重。随着隧道的开挖,出现了拱脚失稳,边墙滑移,围岩掉块等施工灾害,隧道开挖至 DK210+983 断面发生了塌方事故。随着软塑黄土层上移,净空收敛值呈缓慢增大趋势,这与拱顶沉降的规律类似。

选取不同空间关系下的典型断面对隧道变形时间演化规律进行分析,时态变形曲线如图 5-14,图 5-15 所示。由图可知,DK211+094 监测断面拱顶沉降值先增大后稳定;而 DK211+046 断面拱顶沉降值前 20d 迅速增长,仰拱封闭成环后持续稳定增长。DK211+083 断面净空收敛值先增大随后保持稳定,DK211+032 断面净空收敛值一直处于增长阶段。分析原因为当软塑黄土层分布于拱顶一定厚度时,由于黄土垂直方向渗透性强,拱顶软塑黄土层水分向临空面迁移,造成隧道拱脚及仰拱局部积水严重,软化围岩,导致拱顶沉降、净空收敛变形值大、围岩变形时间长。

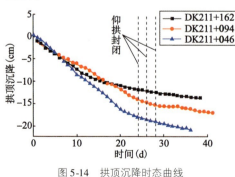

图 5-14　拱顶沉降时态曲线

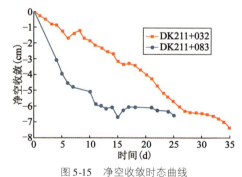

图 5-15　净空收敛时态曲线

5)软塑黄土上覆于拱顶现场监测结果分析

软塑黄土上覆于拱顶如图 5-16 所示,选取不同空间关系下的典型断面对隧道变形时间演化规律进行分析,时态变形曲线如图 5-17 所示。现场采用帷幕注浆的方法施工作业,三个断面拱顶沉降值及净空收敛均先增大,在 30d 之后保持基本稳定。说明采用帷幕注浆的方案能有效地控制软塑黄土上覆于拱顶段围岩变形。

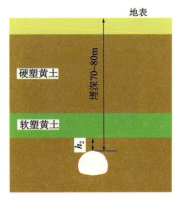

图 5-16 软塑黄土上覆于拱顶示意图

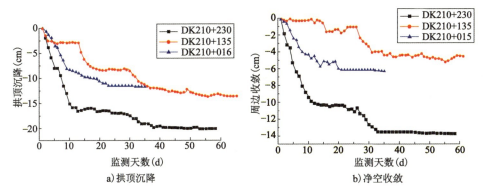

图 5-17 变形时态曲线

数值模拟及分析

1)计算模型

上阁村隧道最大跨度为 15.2m,模型上部取至地表,模型的尺寸为 80m×135m×118m(长×宽×高)。围岩和衬砌均采用实体单元,边墙锚杆和锁脚锚杆采用 cable 结构单元,围岩和初期支护间的作用通过 FLAC 3D 中的接触单元模拟,模型整体示意图 5-18 所示。

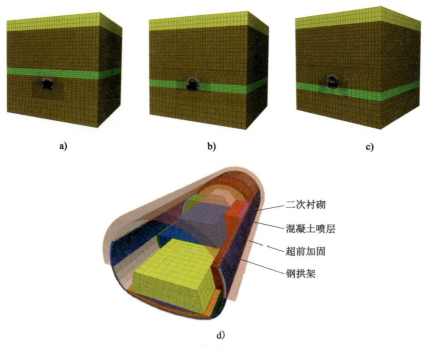

图 5-18 模型整体示意图

(1) 围岩物理力学参数

围岩物理力学参数见表 5-1。

围岩物理力学参数表　　　　　　　　　　表 5-1

围 岩 类 型	平均含水率(%)	泊松比	天然密度(g/cm^3)	内摩擦角(°)	黏聚力(kPa)	弹性模量(MPa)
Q_3 黄土	—	0.38	1.71	18.7	17.36	80
Q_2 黄土(Ⅰ)	22.06	0.3	1.91	19.3	21.7	160
Q_2 软塑黄土(Ⅰ)	26.20	0.35	1.98	18.5	13.2	50
Q_2 黄土(Ⅲ)	20.47	0.3	2.07	20.23	29.6	160
Q_2 黄土(Ⅰ)加固区	—	0.28	1.98	25.09	28.2	208
Q_2 软塑黄土加固区	—	0.28	2.05	24.17	17.16	65
Q_2 黄土(Ⅲ)加固区	—	0.28	2.15	26.30	38.6	208

(2) 隧道支护结构的力学参数

上阁村隧道采用复合式衬砌,初期支护采用锚喷支护,混凝土采用湿喷工艺。其中软塑黄土地段隧道初期支护参数见表 5-2,数值模型支护力学参数见表 5-3。

软塑黄土地段隧道初期支护参数表　　　　表5-2

C25 喷混凝土		初 期 支 护							
		钢筋网			锚杆			型钢钢架	
施作部位	厚度(cm)	设置部位	网格间距(cm×cm)	钢筋规格	设置部位	环向×纵向(m×m)	长度(m)	设置部位	钢架类型	间距(m)
拱墙	35	拱墙	20×20	双层 φ8	边墙	1.2×1.0	4.0	全环	I25a 型钢	0.6
仰拱	35									

数值模型支护力学参数表　　　　表5-3

部　件	重度 $\gamma(kN/m^3)$	弹性模量 $E(GPa)$	泊松比 μ	抗拉强度 $R_m(MPa)$	单位长度水泥浆刚度(MPa)	单位长度水泥浆黏结力(N)
C25 喷混+型钢	25.5	27	0.2	—	—	—
φ22 锚杆	78.5	210	0.2	11	175	$9.8×10^6$

数值模型中将钢筋网和钢拱架的支护作用采用等效的方法计算,即把钢筋网和钢拱架的弹性模量等效折算给混凝土。

2)数值计算结果分析

(1)软塑黄土分布于洞身段围岩变形规律

图5-19所示为支护净空沉降计算曲线。由图5-19可知,推进距离为50m时,拱顶沉降为12.75cm,左、右拱脚沉降分别为13.17cm和13.61cm,左、右拱脚沉降均大于拱顶沉降,差异沉降分别为0.42cm和0.86cm。计算监测断面埋深并不大(约53m),分析原因为软塑黄土分布于隧道洞身,拱脚处围岩软弱承载力差,上导坑开挖后拱部出现整体下沉,但差异沉降量并不是很大,说明锁脚锚杆作用比较明显。

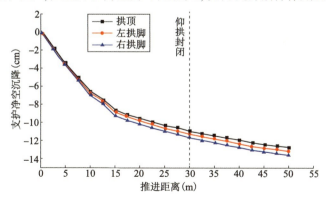

图5-19　支护净空沉降计算曲线

支护净空水平收敛计算曲线如图 5-20 所示。由图可知,推进距离为 50m 时,上、中、下台阶的水平收敛值分别为 6.5cm、10.4cm 和 5.6cm,中台阶水平收敛值最大,且与拱顶沉降的比值约为 0.8,水平收敛值较大。

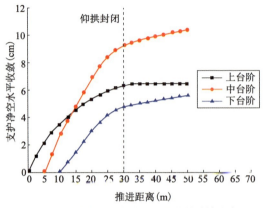

图 5-20　支护净空水平收敛计算曲线

分析认为:由于洞身处分布软塑黄土,围岩自稳能力差,开挖后水平方向变形较大,应及时封闭初期支护,避免边墙处水平位移过大出现内挤现象。

图 5-21 为计算监测断面掌子面开挖后纵向位移云图。由图可知上、中、下三个台阶核心土的最大纵向位移分别为 29.3cm、37.2cm 和 39.5cm。中台阶和下台阶核心土处位移较大,下台阶处纵向位移最大,原因为下台阶处分布有软塑黄土,同时在上、中台阶核心土重力作用下其核心土纵向位移较大。

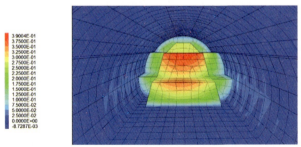

图 5-21　计算监测断面掌子面开挖后纵向位移云图

通过以上分析可知,隧道洞身位置分布软塑黄土时,拱脚处围岩软弱强度低,上导坑开挖后易出现拱部整体下沉现象,中台阶处水平收敛较大,同时掌子面挤出变形较大。

(2) 软塑黄土分布于隧底段围岩变形规律

图 5-22 和图 5-23 分别为拱顶沉降和支护净空拱顶沉降计算曲线;图 5-24 为

不同工况下隧底隆起计算曲线；图 5-25 为不同工况下拱顶沉降和隧底隆起变化曲线。

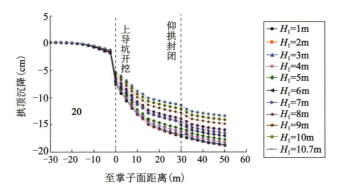

图 5-22　不同工况拱顶沉降计算曲线

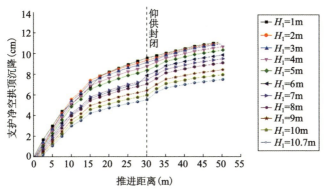

图 5-23　不同工况净空拱顶沉降计算曲线

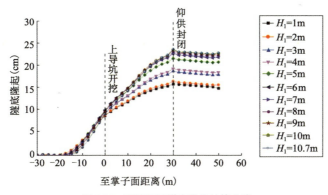

图 5-24　不同工况隧底隆起计算曲线

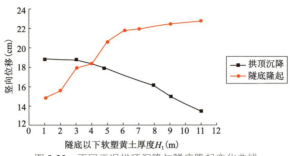

图 5-25　不同工况拱顶沉降与隧底隆起变化曲线

由图 5-22 和图 5-23 可知,随着隧底以下软塑黄土厚度 H_1 逐渐增大。初期支护仰拱闭合后的拱顶沉降值占总沉降值的比例缓慢增大。$H_1=1m$ 时初期支护仰拱闭合后的沉降值为 1.6cm,占总沉降值的 10% 左右;$H_1=10.7m$ 时初期支护仰拱闭合后的沉降值为 1.96cm,占总沉降值的 16%。随着隧底以下软塑黄土厚度 H_1 的增大,隧底以下围岩软弱性提高,承载能力缓慢减小,导致初期支护仰拱封闭成环后在上部围岩荷载作用下隧道整体下沉逐渐增大。

由图 5-24 可知,隧底围岩变形值增大幅度主要在上导坑开挖至仰拱闭合阶段,仰拱闭合成环后在上部围岩压力作用下变形值有一定的回落。随着隧底以下软塑黄土的厚度 H_1 逐渐增大,隧底围岩变形值也逐渐增大,这是由于隧底软塑黄土为软弱围岩,开挖后在深部围岩挤压作用下隧底变形值较大。

由图 5-25 可知,随着隧底以下软塑黄土厚度 H_1 逐渐增大,拱顶沉降值逐渐减小,隧底隆起值逐渐增大。在 $H_1=4m$ 以后,隧底隆起值 > 拱顶沉降值,这是因为此时围岩呈"上硬下软"的分布状态,上部围岩强度较大,自承能力较强,隧底围岩软弱,自承能力差,开挖后在应力释放作用下隧底围岩变形值较大。

图 5-26 ~ 图 5-28 分别为隧底以下软塑黄土厚度 $H_1=1m$、$H_1=5m$ 和 $H_1=10.7m$ 时支护净空水平收敛变化曲线,图 5-29 为不同工况下支护净空水平收敛变化曲线。

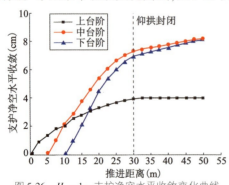

图 5-26　$H_1=1m$ 支护净空水平收敛变化曲线

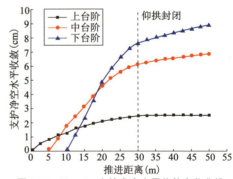

图 5-27　$H_1=5m$ 支护净空水平收敛变化曲线

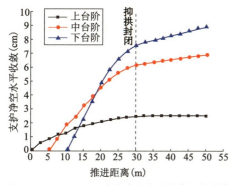 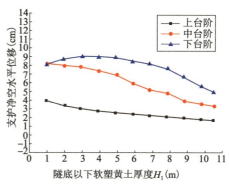

图 5-28　$H_1 = 10.7$m 支护净空水平收敛变化曲线　　图 5-29　不同工况净空水平收敛变化曲线

由图 5-26~图 5-28 可知，$H_1 = 1$m 时中台阶处水平收敛值最大，随着隧底以下软塑黄土厚度 H_1 增大，软塑黄土主要分布于下台阶及隧底位置，上、中台阶处围岩稳定性逐渐增强。因此支护净空水平收敛最大值呈现出下台阶 > 中台阶 > 上台阶的分布特征。

由图 5-29 可知，随着隧底以下软塑黄土厚度 H_1 逐渐增大，上、中台阶处水平收敛值逐渐减小，下台阶水平收敛值先增大后减小。总体来看，下台阶处水平收敛值相对较大，在 $H_1 = 5$m 时其与支护净空拱顶沉降值之比达到了 0.82，这与浅埋黄土隧道水平收敛远小于拱顶沉降值的规律不一致。分析原因为下部边墙处软塑黄土较软弱，软弱围岩对下部边墙的挤压作用显著，施工时应加强锁脚锚杆的作用并及时封闭初期支护，防止下部边墙产生过大的内挤变形。

图 5-30 为 $H_1 = 10.7$m 时掌子面纵向位移云图，图 5-31 为不同工况下掌子面纵向位移变化曲线。

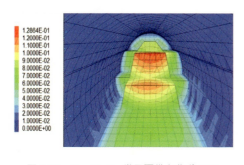 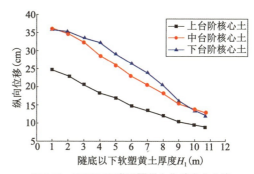

图 5-30　$H_1 = 10.7$m 掌子面纵向位移云图　　图 5-31　不同工况掌子面纵向位移变化曲线

由图分析可知：

①掌子面最大纵向位移发生在中台阶以及下台阶核心土处，上台阶处由于围

岩条件较好,纵向位移最小。

②随着隧底以下软塑黄土厚度 H_1 逐渐增大,掌子面处分布的软塑黄土逐渐减小,围岩稳定性提高,上、中、下三台阶处纵向位移显著减小,总体来看,掌子面稳定性较好。

③软塑黄土分布于隧底时,随着隧底以下软塑黄土厚度的增加,隧底围岩软弱性增强,围岩呈"上硬下软"的分布特征,拱顶沉降值较小,初期支护仰拱闭合成环后沉降值所占比例较大,隧底围岩隆起较大,下台阶处水平收敛较大,掌子面纵向位移总体较小。

(3) 软塑黄土层下伏于隧底段围岩变形规律

图 5-32 ~ 图 5-34 分别为隧底距软塑黄土层距离 $H_2=1m$、$H_2=4m$ 和 $H_2=7m$ 时计算监测断面竖向位移云图,图 5-35 为不同工况下竖向位移变化曲线。

  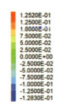 

图 5-32　$H_2=1m$ 监测断面竖向位移云图　　　图 5-33　$H_2=4m$ 监测断面竖向位移云图

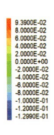  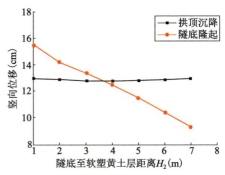

图 5-34　$H_2=7m$ 监测断面竖向位移云图　　　图 5-35　不同工况竖向位移变化曲线

通过对图 5-32 ~ 图 5-34 分析可知:

①随着隧底距软塑黄土层的距离增大,拱顶沉降值变化不明显,隧底隆起值呈明显减小趋势,这是由于 H_2 增大,隧底围岩强度变高,隧底隆起值变小。

②当 $H_2<4m$ 时,隧底隆起值较大且大于拱顶沉降值;当 $H_2≥4m$ 时,隧底隆起值小于拱顶沉降值,说明 $H_2<4m$ 时下伏软塑黄土层对隧道变形的影响仍然较强。

图 5-36 ~ 图 5-38 分别为隧底距软塑黄土层距离 $H_2=1m$、$H_2=4m$ 和 $H_2=7m$ 时的支护净空水平收敛变化曲线，图 5-39 为不同工况下支护净空水平收敛变化曲线。

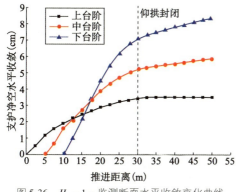

图 5-36　$H_2=1m$ 监测断面水平收敛变化曲线

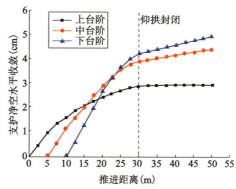

图 5-37　$H_2=4m$ 监测断面水平收敛变化曲线

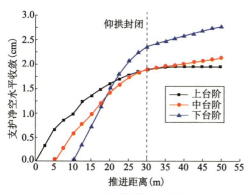

图 5-38　$H_2=7m$ 监测断面水平收敛变化曲线

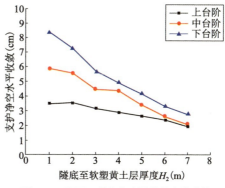

图 5-39　不同工况净空水平收敛变化曲线

通过对图 5-36 ~ 图 5-39 分析可知：

① 由于隧底下伏有厚度较大的软塑黄土层，隧道开挖后水平收敛最大值为：下台阶 > 中台阶 > 上台阶。

② 随着隧底至软塑黄土层距离 H_2 逐渐增大，三个台阶处水平收敛值减小幅度明显，这是由于隧道埋深变小所致。

③ $H_2<4m$ 时，下台阶支护净空水平收敛值与拱顶沉降比值 > 0.5；$H_2 \geqslant 4m$ 时，下台阶支护净空水平收敛与拱顶沉降的比值为 0.47，说明 $H_2 \geqslant 4m$ 时下台阶水平收敛受下伏软塑黄土层的影响已经较小。

图 5-40 ~ 图 5-42 分别为 $H_2=1m$、$H_2=4m$ 和 $H_2=7m$ 时掌子面纵向位移云图，图 5-43 为不同工况下掌子面纵向位移变化曲线。

 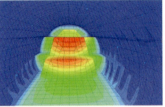 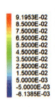 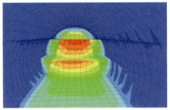

图 5-40 　 $H_2=1m$ 掌子面纵向位移云图 　　　　 图 5-41 　 $H_2=4m$ 掌子面纵向位移云图

 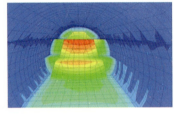 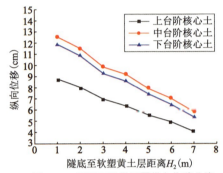

图 5-42 　 $H_2=7m$ 掌子面纵向位移云图 　　　　 图 5-43 　不同工况掌子面纵向位移曲线

由图 5-40～5-43 分析可知,掌子面纵向位移在中台阶和下台阶处最大,由于软塑黄土层下伏于隧底,对掌子面影响较小,掌子面处围岩条件较好,掌子面纵向位移整体较小,之所以随 H_2 的增大而减小是由于隧道埋深减小和地应力的减小造成的。

软塑黄土层下伏于隧底时,当隧底至软塑黄土层距离 $H_2<4m$ 时下伏软塑黄土层对施工阶段围岩变形的影响仍然较强,表现为隧底围岩变形值较大,下台阶支护净空水平收敛值较大,水平收敛与拱顶沉降比值大于 0.5,掌子面纵向位移较小。

(4)软塑黄土分布于拱顶段围岩变形规律

图 5-44 为拱顶以上软塑黄土的厚度(h_1)分别为 1m、2m 和 3m 工况下监测断面拱顶沉降计算曲线,图 5-45 为不同断面支护净空拱顶沉降实测曲线。

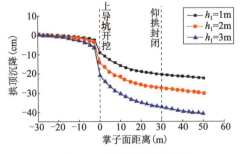 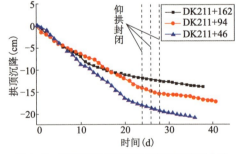

图 5-44 　拱顶沉降计算曲线 　　　　 图 5-45 　不同断面支护净空拱顶沉降实测曲线

通过对图5-44、图5-45进行分析对比可知：

①h_1为1m、2m和3m时计算得到的拱顶沉降最终值分别为23cm、30cm和42cm，三个实测断面的支护净空拱顶沉降收敛值分别为13.8cm、17cm和20.8cm，计算结果比实测结果大。这是因为计算得到的拱顶沉降值包含了掌子面到达前围岩产生的超前位移和上导坑开挖产生的初始位移，而现场监测得到的拱顶沉降是在上台阶初期支护完成后开始测量的，计算结果减去超前位移和初始位移后的沉降值分别为13cm、16.5cm和21cm，这与现场监测值基本一致。

②h_1为1m、2m、3m时掌子面到达之前的超前位移分别为2.3cm、3.7cm、6.3cm，占总位移的比例分别为10%、12%和15%；上导坑开挖后的总沉降值分别为9.2cm、13.9cm和21.3cm，占总位移的比例分别为30%、33%和35%。分析可知随着拱顶以上软塑黄土厚度的增加，掌子面斜前方围岩的稳定性逐渐变差，超前小导管的预加固作用逐渐变弱，从而使掌子面到达之前的超前位移和上导坑开挖后的位移量值所占的比例不断变大。

图5-46~图5-48为不同工况下支护净空水平收敛计算曲线，图5-49为不同工况下支护净空水平收敛最大值变化曲线。

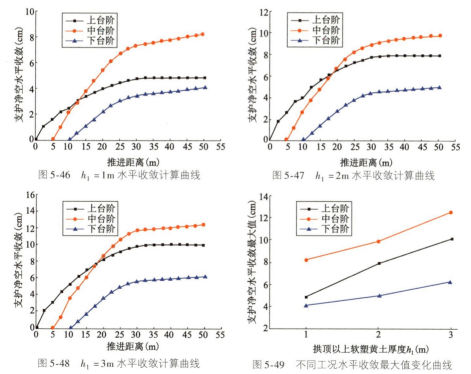

图5-46　$h_1=1$m水平收敛计算曲线　　图5-47　$h_1=2$m水平收敛计算曲线

图5-48　$h_1=3$m水平收敛计算曲线　　图5-49　不同工况水平收敛最大值变化曲线

通过对图 5-46～图 5-48 进行分析对比可知：

①拱顶以上软塑黄土厚度(h_1)在 3m 以内,支护净空水平位移收敛稳定。

②支护净空水平收敛大小分布情况为:中台阶＞上台阶＞下台阶,上台阶和中台阶处水平位移值较大,发展较快,施工中需要引起注意,应加强中台阶监控量测。

③h_1的增大,隧道上、中、下三个台阶水平收敛最大值均增大,上台阶和中台阶增幅较大,下台阶增幅较小;三种工况下水平收敛均小于拱顶沉降值,两者之比约为 0.6,考虑到隧道埋深不大,其符合郑西高铁得出的浅埋黄土隧道拱顶沉降远大于水平收敛、深埋两者相接近的规律。

图 5-50、图 5-51 为不同工况下掌子面纵向位移云图,h_1 分别为 1m、2m、3m 和 4m 时,掌子面最大纵向位移分别为 15.3cm、20.7cm、28.0cm 和 54m,其中 $1 \leqslant h_1 \leqslant$ 3m 时,最大纵向位移均发生在上台阶核心土处,随着拱顶以上软塑黄土厚度(h_1)的增大,掌子面纵向位移也逐渐增大,说明小导管注浆的超前支护效果越来越弱;而 $h_1 = 4$m 时,上台阶掌子面以及上、中台阶核心土处的纵向位移最大,判断此时掌子面土体已出现倾覆和垮塌,掌子面围岩已经失稳。

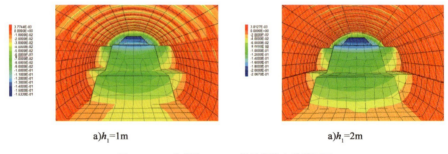

a)h_1=1m　　　　　　　　a)h_1=2m

图 5-50　h_1 分别为 1m、2m 掌子面纵向位移云图

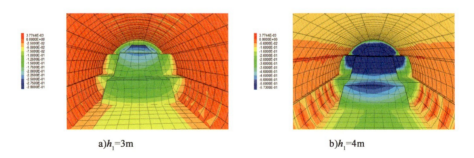

a)h_1=3m　　　　　　　　b)h_1=4m

图 5-51　h_1 分别为 3m、4m 掌子面纵向位移云图

通过图 5-50、图 5-51 分析可知：

①当拱顶以上软塑黄土厚度 h_1 在 3m 以内时，通过超前小导管注浆的预支护方式能保证开挖后变形稳定。

②当 $h_1 = 4m$ 时，掌子面斜前方围岩条件进一步恶化，小导管注浆的方式已经不能达到控制超前位移的效果，开挖后会出现掌子面失稳滑塌及拱顶沉降过大的问题，现场实际情况也证实了数值计算的可靠性。由于 $h_1 > 4m$ 时掌子面斜前方围岩条件进一步恶化，掌子面已经失稳，因此对 $h_1 > 4m$ 的工况并未做计算。

软塑黄土分布于隧道拱顶以及洞身时，掌子面斜前方围岩稳定性差，由于超前小导管注浆的预支护效果弱，拱顶沉降大，甚至多次出现倾覆滑塌的现象。现场掌子面围岩软弱，拱脚积水严重，初期支护由于承受的荷载过大会出现钢架扭曲和喷层开裂的现象，此穿越阶段的施工关键就是控制隧道超前变形。

(5) 软塑黄土层上覆于拱顶段围岩变形规律

DK210+510～DK209+746 段软塑黄土层上覆于隧道拱顶，拱顶虽未与软塑黄土层直接接触，但当其距软塑黄土层的距离(h_2)较小时软塑黄土层对隧道仍有一定的影响，存在一个临界距离，大于此临界距离，软塑黄土层对隧道开挖的影响弱；小于此临界距离，软塑黄土层对隧道影响较强。我们采用 $\phi 89mm$ 管棚结合注浆加固的超前加固措施，对软塑黄土上覆于拱顶段围岩变形规律进行分析。超前加固形式布置及数值计算模型和参数如图 5-52 所示。

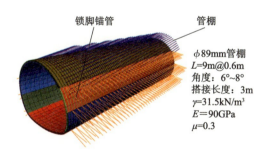

图 5-52 棚超前支护布置示意图

图 5-53 为不同工况下拱顶沉降全过程计算曲线，图 5-54 为支护净空拱顶沉降计算曲线。

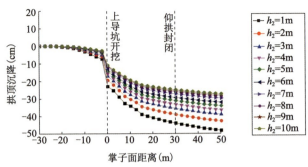

图 5-53　不同工况下拱顶沉降全过程曲线

由图 5-53 可知:随着拱顶至软塑黄土层的距离(h_2)增大,拱顶沉降呈减小趋势,表明软塑黄土层对隧道的影响逐渐减弱。其中,h_2 从 1m 增大到 7m 时,沉降值整体较大且减小幅度明显;h_2 从 7m 增大到 10m 时,沉降值整体较小且减小幅度不大;h_2 从 1m 增大到 7m 时,掌子面到达之前的超前位移占总位移的比例由 15% 减小至 10% 左右;h_2 从 7m 增大至 10m 时,超前位移所占的比例略有减小(小于 10%)。可见随着拱顶距软塑黄土层的距离变大,掌子面斜前方的围岩条件逐渐变好,超前位移占总位移的比例逐渐减小。h_2 = 1m 时超前位移仍然很大,说明此工况下超前预支护效果较弱。黄土隧道中超前位移所占的比例约为 10%,可见 h_2 小于 7m 时软塑黄土层对隧道变形的影响仍然较强。

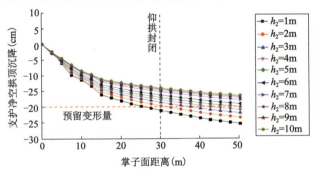

图 5-54　不同工况下支护净空拱顶沉降曲线

由图 5-54 可知:当 $h_2 \leqslant 5m$ 时支护净空沉降值超过了预留变形量(20cm);当 $h_2 = 7m$ 时,支护净空沉降值约为 18cm;当 $h_2 > 7m$ 时支护净空沉降值均小于 18cm。根据宝兰高铁现场监测资料统计分析,一般黄土含水率($w < 17\%$)Ⅳ级围岩深埋拱顶沉降的建议基准值为 18cm,可见 h_2 小于 7m 时拱顶沉降偏大,原因为上覆于拱顶的软塑黄土层厚度较大(约 15m),由于其强度低,导致拱顶以上围岩自承能力低,压力拱效应不显著,开挖后围岩变形较大。

图 5-55 ~ 图 5-57 分别为 $h_2=1\mathrm{m}$、$h_2=7\mathrm{m}$ 和 $h_2=10\mathrm{m}$ 时上、中、下三个台阶的支护净空水平收敛计算曲线,图 5-58 为不同工况下水平收敛变化曲线。

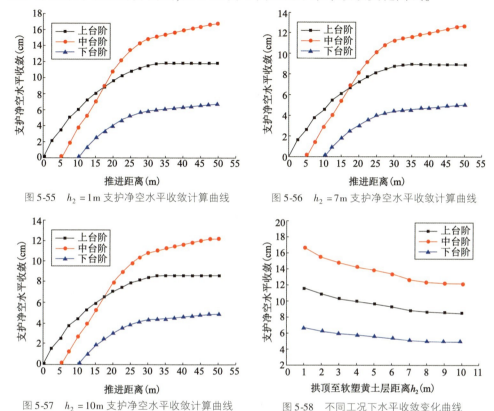

图 5-55　$h_2=1\mathrm{m}$ 支护净空水平收敛计算曲线

图 5-56　$h_2=7\mathrm{m}$ 支护净空水平收敛计算曲线

图 5-57　$h_2=10\mathrm{m}$ 支护净空水平收敛计算曲线

图 5-58　不同工况下水平收敛变化曲线

由图 5-55 ~ 图 5-57 分析可知:支护净空水平收敛最大值为中台阶 > 上台阶 > 下台阶,上台阶水平收敛距离较长,下台阶水平收敛距离较短。

由图 5-58 可知:三个台阶处支护净空水平收敛最大值均随拱顶距软塑黄土层距离(h_2)的增大而减小。当 h_2 从 1m 增大到 7m 时,减小幅度明显;h_2 从 7m 增大到 10m 时,减小幅度变缓。分析认为 $h_2<7\mathrm{m}$ 时,软塑黄土层对隧道影响较强;随着拱顶距软塑黄土层距离变大,拱顶围岩条件变好,所以水平收敛减小幅度明显。当 $h_2 \geqslant 7\mathrm{m}$ 时,软塑黄土层对隧道的影响变弱,埋深起主导作用,变形减小幅度变缓。

随着 h_2 的逐渐增大,对应计算监测断面处埋深也逐渐变大,因此支护净空水平收敛与拱顶沉降的比值逐渐增大。当 $h_2=1\mathrm{m}$ 时,其比值为 0.65;当 $h_2=10\mathrm{m}$ 时,其比值约为 0.735。

图 5-59 和图 5-60 为 $h_2=1m$ 和 $h_2=10m$ 时掌子面纵向位移云图,图 5-61 为不同工况下核心土纵向位移变化曲线。

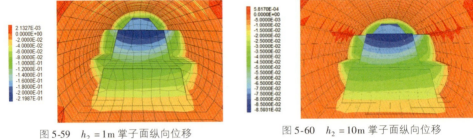

图 5-59 $h_2=1m$ 掌子面纵向位移　　　　图 5-60 $h_2=10m$ 掌子面纵向位移

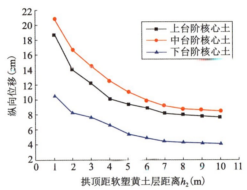

图 5-61　不同工况下核心土纵向位移变化曲线

通过对图 5-59、图 5-60 分析可知:掌子面最大纵向位移发生在上台阶和中台阶核心土处。$h_2=1m$ 时纵向位移最大约为 21cm,纵向位移整体不大,这是因为掌子面处围岩为 Q_2 硬塑黄土,围岩条件较好。随着拱顶距软塑黄土层距离 h_2 逐渐变大,掌子面斜前方围岩条件逐渐变好,纵向位移最大值呈整体减小趋势。h_2 从 1m 增大至 7m 时,减小幅度明显;h_2 从 7m 增大至 10m 时,减小幅度变缓。由此可见 h_2 小于 7m 时软塑黄土层对隧道影响较强。

由于已在软塑黄土分布于拱顶段 $h_1=13.8m$ 最不利工况下计算过管棚预支护条件下围岩变形规律,因此不再计算软塑黄土层位于拱顶段时管棚预支护条件下围岩变形规律。

通过分析超前管棚结合注浆加固措施下 DK210+510~DK209+746 段软塑黄土层上覆于拱顶时的拱顶沉降、支护净空水平收敛和掌子面纵向位移,得出虽然隧道拱顶未与软塑黄土层直接接触,但在拱顶至软塑黄土层距离 $h_2<7m$ 时,拱顶沉降仍然较大,是因为拱顶以上软塑黄土层较厚,软塑黄土强度较低,压力拱效应并

不显著,围岩自承能力差,开挖后围岩变形较大。同时从拱顶沉降、支护净空水平收敛以及掌子面纵向位移随 h_2 的变化曲线可以看出,$h_2 \geqslant 7m$ 时减小幅度明显变缓,说明此时软塑黄土层对隧道变形的影响变弱,埋深成为影响围岩变形的主导因素。综上所述,在软塑黄土层上覆于拱顶段,软塑黄土层对隧道影响的临界距离为 7m,在 $h_2 \leqslant 7m$ 的范围内应加强超前支护以提高拱顶围岩的强度。

5.4 软塑黄土围岩变形规律特点

(1) 软塑黄土围岩应力释放快、变形具有突变性

黄土围岩垂直节理普遍发育,垂直节理切割形成竖向软弱面,软弱面之间黏聚力很小。特别是软塑黄土承载力低、稳定性差,加之黄土垂直节理发育与结构特性,隧道在穿越软塑黄土层时,极易发生衬砌开裂、边墙渗水、临空面掉块、衬砌背后产生空洞、钢拱架扭曲、围岩失稳等不同程度的施工灾害。隧道开挖后形成临空面,围岩在开挖扰动与原岩应力场的耦合作用下发生局部破坏甚至棱体塌落。浅埋段地表随之产生沿掌子面的纵向与环向裂缝,极易造成塌方等灾害性事故。穿越软塑黄土层大断面隧道塌方具有规模大、软塑黄土迅速涌出、地表塌陷范围大、土体沿拱顶两侧整体滑移下沉等特点。这都是由于黄土隧道围岩变形突变及围岩压力释放过快导致。

(2) 软塑黄土围岩变形量大

通过调研以及查阅大断面黄土隧道资料可知,相对于其他的围岩,软塑黄土隧道围岩具有变形量大的特点。现场实测数据也证明了这一结论,软塑黄土分布于拱顶沉降量要远远大于软塑黄土分布于隧底时拱顶沉降量。软塑黄土对隧道围岩变形影响大,在施工中极易造成围岩掉块、大变形等施工灾害。

(3) 软塑黄土围岩变形持续时间长

软塑黄土隧道大多数断面在施作二次衬砌时变形速率较大,围岩未达到稳定,围岩变形一直处于缓慢增长阶段。这是由于软塑黄土特殊流变特性决定的,因此在大断面软塑黄土隧道施工过程中,应坚持"及时支护,及早封闭"的原则。变形基本稳定后,软塑黄土分布于隧道拱部时,围岩下沉大于水平收敛;软塑黄土分布于隧道洞身时,水平收敛接近于拱顶下沉量。

(4)不同空间关系下隧道变形特征有明显差异性

软塑黄土分布于隧道洞身时,隧道边墙以上整体径向变形量大,墙脚径向位移较小。软塑黄土分布于隧底时,随着 H_1 增大,拱顶沉降及净空收敛逐渐减小。当 H_1 大于 8m 时,软塑黄土层对拱顶沉降及净空收敛影响较小,对仰拱隆起影响较大;若软塑黄土下伏于隧底,当 H_2 大于 4m 时,可以认为软塑黄土对隧道整体影响较小。若软塑黄土分布于拱顶时,随着 h_1 的增大软塑黄土对拱顶沉降影响加强,拱顶沉降迅速增大,极易引发围岩失稳。

第 6 章
地表深孔降水技术

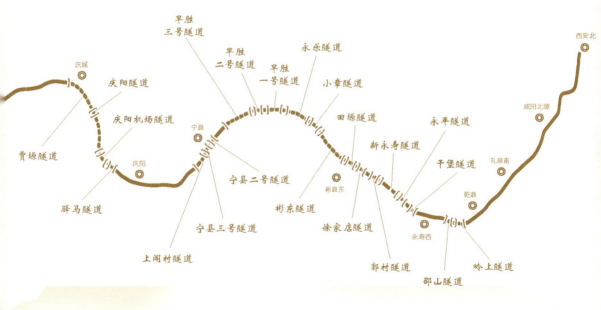

软塑黄土由于其含水率高、强度低、自稳性差等特点,给黄土隧道建设带了诸多技术难题,成为施工环节最直接、处理难度较大的安全隐患之一。为有效解决软塑黄土层带来的技术风险,本章通过开展隧道地表降水试验和室内软塑黄土渗透性试验,应用数值计算分析深孔降水中软塑黄土围岩水分运移特征,对地表深孔降水改善后围岩含水率的效果进行分析,并验证地表深孔降水技术在改善软塑黄土隧道围岩含水率的有效性。

6.1 地表降水试验井布置

在银西高铁黄土塬区软塑黄土隧道修建中,主要采用地表超前降水的方式改善围岩强度,本节以驿马隧道和上阁村隧道降水为例,了解中更新统黏质黄土含水层抽水降落漏斗的变化情况,合理科学地确定降水井距离、井深,检验地表降水后隧道洞身渗水及掌子面物理性质变化情况;同时掌握黄土地区左右深井成井工艺、单井出水量及水位降至设计降深所需的时间,为后续全段地表降水施工建立基础。

① 驿马隧道地表深层降水实施范围为 DK255+880~DK257+596,总计 1716m,总计布设 123 眼降水井。结合斜井挑顶工期,在 DK256+510、DK256+535、DK256+560 洞身结构轮廓线左右侧各 4m 布置试验井,共计 6 眼,井间距 25m,井径为 325mm,深 95~96m 并进入软塑层高程以下 15m。

② 上阁村隧道地表降水地表深层降水实施范围为 DK208+530~DK210+660,总计 2130m,总计布设 142 眼降水井。试验井位于 DK209+400~DK209+600 之间正洞轮廓线外侧边缘左右侧 9m 处,共计 23 眼,纵向间距为 20m,深度为 120m,井径为 325mm,如图 6-1 所示。

a)

图 6-1

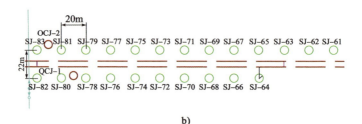

b)

图 6-1 上阁村地表降水井及水位监测井平面位置示意图

6.2 软塑黄土渗透性试验

软塑黄土渗透性试验采用现场取样进行室内试验的方式。试验中为得到软塑黄土及黏性黄土两种土样,分别在 DK210+320 断面、DK210+085 断面中台掌子面利用环刀取样。

渗透系数采用变水头渗透试验测定,试验方法依据《土工试验方法标准》(GB/T 50123—2019),试验装置如图 6-2 所示。变水头渗透试验是通过管道内的水头下降速率与时间的关系,通过式(6-1)、式(6-2)来计算土层的渗透系数。表 6-1 为上阁村隧道黄土渗透试验结果。

图 6-2 变水头渗透试验装置

$$k_T = 2.3 \frac{aL}{At} \lg \frac{H_{b1}}{H_{b2}} \quad (6-1)$$

$$k_{20} = k_T \frac{\eta_T}{\eta_{20}} \quad (6-2)$$

式中:k_T——水温 T℃时试样的渗透系数(cm/s);

a——变水头管截面积(cm^2);

L——渗径(cm),等于试样高度;

A——试样的断面积(cm^2);

t——时间(s);

H_{b1}——开始时的水头(cm);

H_{b2}——终止时的水头(cm);
k_{20}——水温20℃时试样的渗透系数(cm/s);
η_T——水温T℃时水的动力黏滞系数(10^{-6}kPa·s);
η_{20}——水温20℃时水的动力黏滞系数(10^{-6}kPa·s)。

上阁村隧道黄土渗透试验结果　　　　　表6-1

试样类型	取样位置	干密度 (g/cm³)	含水率 (%)	渗透方向	试样编号	实测渗透系数 (cm/s)	修正为20℃时渗透系数 (cm/s)	渗透系数平均值 (cm/s)
软塑黄土	银川方向3号斜井 DK210+300	1.55	26.26	竖向方向	R-S-1	3.92×10^{-5}	4.47×10^{-5}	4.57×10^{-5}
					R-S-2	7.44×10^{-5}	8.30×10^{-5}	
					R-S-3	5.75×10^{-5}	6.56×10^{-5}	
					R-S-4	1.84×10^{-5}	1.98×10^{-5}	
					R-S-5	1.35×10^{-5}	1.54×10^{-5}	
				水平方向	R-H-1	1.70×10^{-5}	1.94×10^{-5}	2.92×10^{-5}
					R-H-2	1.62×10^{-5}	1.81×10^{-5}	
					R-H-3	4.73×10^{-5}	5.11×10^{-5}	
					R-H-4	3.79×10^{-5}	4.11×10^{-5}	
					R-H-5	1.52×10^{-5}	1.64×10^{-5}	
黏性黄土(软塑黄土下伏地层)	西安方向3号斜井 DK209+600	1.66	23.14	竖向方向	S-1	6.91×10^{-6}	7.88×10^{-6}	3.93×10^{-6}
					S-2	6.26×10^{-6}	6.87×10^{-6}	
					S-3	1.02×10^{-6}	1.19×10^{-6}	
					S-4	1.36×10^{-6}	1.55×10^{-6}	
					S-5	1.96×10^{-6}	2.17×10^{-6}	
				水平方向	H-1	1.91×10^{-6}	2.1×10^{-6}	3.63×10^{-6}
					H-2	1.61×10^{-6}	1.77×10^{-6}	
					H-3	6.27×10^{-6}	7.15×10^{-6}	
					H-4	1.68×10^{-6}	1.92×10^{-6}	
					H-5	4.52×10^{-6}	5.21×10^{-6}	

从表6-1可以看出,从物理状态衡量,软塑黄土干密度为1.55g/cm³,小于下伏黏性黄土干密度1.66g/cm³;软塑黄土含水率为26.26%,高于下伏黏性黄土含水率23.14%。即上覆软塑黄土密度低、含水率高,下伏黏性黄土密度高、含水率低。这说明大气降水竖直入渗过程中,下伏黏性黄土层起到相对隔水底板的作用。

从渗透系数衡量,软塑黄土平均渗透系数在 10^{-5} cm/s 数量级,黏性黄土平均渗透系数在 10^{-6} cm/s 数量级,表明黏性黄土是相对隔水层。更为重要的是,上下两套地层竖向渗透系数与水平渗透系数存在差异:上覆软塑黄土层,竖向方向渗透系数大于水平方向渗透系数,各向异性系数为 1.565;与此相对比,下伏的黏性黄土层,竖向方向渗透系数与水平方向渗透系数基本接近,各向异性系数为 1.083。

总体上,软塑黄土渗透性大于黏性黄土,软塑黄土具有竖向渗透性大于水平渗透性的特点,黏性黄土渗透性偏低,且具有各向同性的特征。正是因为软塑黄土与下伏黏性黄土渗透系数的上述组合特征,决定了大气降水在竖向入渗到达黏性黄土层顶面时,受到阻滞与停留,形成了弱含水层,导致该层黄土进入软塑状态。

6.3 深孔降水中软塑黄土围岩水分运移特征数值分析

6.3.1 土壤水分运移数学模型

1)土壤水分运移方程

在忽略空气阻力、温度势对水分运动的作用以及土壤水分运动滞后作用情况下,假设土壤为刚性多孔介质,以 Richard 方程描述土壤水分运动,则非饱和三维土壤水分运动的基本微分方程为:

$$\frac{\partial \theta}{\partial t} = \frac{\partial}{\partial x}\left[D(\theta)\frac{\partial \theta}{\partial x}\right] + \frac{\partial}{\partial y}\left[D(\theta)\frac{\partial \theta}{\partial y}\right] + \frac{\partial}{\partial z}\left[D(\theta)\frac{\partial \theta}{\partial z}\right] \pm \frac{\partial K(\theta)}{\partial z} - S(z,t) \quad (6-3)$$

式中:θ——土壤体积含水率(%);

$K(\theta)$——非饱和土壤导水率(cm/d);

$D(\theta)$——非饱和土壤水分扩散率(%),$D(\theta) = K(\theta)\frac{\partial h}{\partial \theta}$;

t——时间(d);

$S(z,t)$——单位时间内单位体积土壤中根系吸水率(d^{-1})。

2)定解条件

（1）初始条件

通常将初始时刻（$t=0$ 或 $t=t_0$ 时刻）土壤含水率的分布状况称为初始条件：

$$\theta(x,y,z,t) = \theta_0(x,y,z)$$
$$0 \leqslant x \leqslant X; 0 \leqslant y \leqslant Y; 0 \leqslant z \leqslant Z; t=0 \tag{6-4}$$

式中：$\theta_0(x,y,z)$——初始的土壤体积含水率（%）；

z——垂直方向的空间坐标（向上为正）（cm）；

Z——土体厚度（cm）。

（2）边界条件

边界条件用于描述土壤含水率在模拟边界上所满足的条件，表示研究区土壤水分与外界系统之间的相互关系及作用。边界条件一般可分为以下三类。

①第一类边界

给定含水率边界：

$$\theta(x_0,y_0,z_0,t) = \theta_0(t) \tag{6-5}$$

式中：x_0,y_0,z_0——一类边界坐标；

$\theta_0(t)$——边界上的已知函数或某一常数。

②第二类边界

水分通量已知边界Γ_2：

$$\left. -D(\theta)\frac{\partial \theta}{\partial n} + k(\theta) \right|_{\Gamma_2} = \varepsilon(x,y,z,t) \tag{6-6}$$

式中：$\varepsilon(x,y,z,t)$——已知函数，表示Γ_2上单位宽度的侧向水分通量，常发生在降雨、灌溉水入渗或蒸发强度已知的边界上。

③第三类边界

变水分通量边界：

$$D(\theta)\frac{\partial \theta}{\partial n} - k(\theta) = f(\theta) \tag{6-7}$$

式中：$f(\theta)$——边界上的已知函数。

6.3.2 土壤水分运移数值模拟

1）模型构建

本次模拟将研究区围岩假定为均质、各向同性，不考虑空气阻力、温度势对土壤水分运移影响以及土壤水分运动滞后作用,土壤水分运移状态视为三维非饱和土壤水分运动过程。

2)模拟区域

选取 DK208+900～DK209+000 隧道段作为模拟区域(图 6-3),模拟区长 100m、宽 22m、高 100m。区域概化由土壤物理模型(HYDRUS-3D)的几何结构模块(GEOMETRY)实现,在模拟区隧洞地板(距底部 0、5m、10m、15m 处)设置 3 个观测点,设为洞身(1-1,1-2,1-3,1-4)。

3)初始条件与边界条件

(1)初始条件

将隧道勘察期钻孔 SGSZ-3 实测岩层含水率

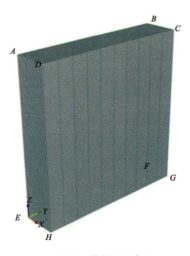

图 6-3 模拟区示意图

作为初始条件:

$$\theta(x,y,z,t) = \theta_0(x,y,z)$$
$$0 \leqslant x \leqslant X, 0 \leqslant y \leqslant Y, 0 \leqslant z \leqslant Z, t = 0 \tag{6-8}$$

式中:$\theta_0(x,y,z)$——初始围岩含水率(%);

z——垂直方向的空间坐标(向上为止)(cm);

Z——模拟土体厚度(cm)。

(2)边界条件

模拟区上部土壤与空气直接接触,且在降雨时未产生坡面径流,因此上边界选择为大气边界。边界源汇项主要为降水量、作物蒸腾量及棵间土壤蒸发量等,不考虑植被冠层截留。则上边界(ABCD)为:

$$\left\{ \left| -K\frac{\partial h}{\partial z} - K \right| \right\} \leqslant E(t)$$
$$0 \leqslant y \leqslant 100\text{cm}, 0 \leqslant x \leqslant 22\text{cm}, z = 100\text{cm} \tag{6-9}$$

式中:$E(t)$——土壤入渗率或潜在蒸发率(cm/d);

z——垂直方向的空间坐标(向上为正)(cm)。

模拟下边界(EFGH)位于隧道底部处,取自由排水边界:

$$\theta(x,y,z,t) = \theta_0(x,y,z)$$
$$\frac{\partial \theta}{\partial t} = 0, 0 \leqslant y \leqslant 100\text{cm}, 0 \leqslant x \leqslant 22\text{cm}, z = 0 \tag{6-10}$$

边界 ABFE、DCGH 为不透水边界:

$$D(\theta)\frac{\partial \theta}{\partial y} = 0$$

$$x = 0、22\text{cm}, 0 \leqslant y \leqslant 100\text{cm}, 0 \leqslant z \leqslant 100\text{cm} \qquad (6-11)$$

边界 $AEHD$、$BFGC$ 为不透水边界：

$$D(\theta)\frac{\partial \theta}{\partial y} = 0$$

$$y = 0、100\text{cm}, 0 \leqslant x \leqslant 22\text{cm}, 0 \leqslant z \leqslant 100\text{cm} \qquad (6-12)$$

式中：θ——土壤体积含水率(%)；

x、y、z——空间坐标；

$D(\theta)$——非饱和土壤水分扩散率(%)。

4）时间空间离散

选取 2019 年 5 月 1 日—11 月 9 日作为参数率定期，2019 年 11 月 10 日—2020 年 1 月 10 日作为模型验证期，时间离散单位为天(d)，采用变步长将时间离散。初始时间步长设为 0.0001d，最小时间步长为 0.00001d，最大时间步长为 1d。在空间上，采用平行于 X、Z 轴的两组正交网格对模拟区域进行平面剖分，X 方向上共设置 11 个节点，节点间距 2.2cm；Y 方向上设置 11 个节点，节点间距 10cm；Z 方向上节点自动生成。在空间上，采用平行于 X、Z 轴的两组正交网格对模拟区域进行平面剖分，根据节点分布，建立有限单元网格时将模拟区在纵向上剖分为 101 层，共将计算域剖分成 12221 个活动单元。利用 HYDRUS-3D 中 MESHGEN 模块将模拟区域离散成不规则三角形网格。

5）模型参数

（1）物理参数

土壤物理属性对土壤水分分布与运移影响较大，通过室内外试验，测定土壤质地及土壤重度、饱和含水率等土壤水分常数。

根据土壤颗粒大小将土壤分为极粗沙、粗沙、中沙、细沙、极细沙、粉土(粉粒和黏土)。土壤质地由土壤中所含沙、粉沙(粉粒)和黏土数量的比例表征。研究区域土壤基本为黏质黄土。

（2）水分运动参数

土壤水分特征采用 Van Genuchten-Mualem 模型(Van Genuchten M T, 1980)：

$$S_e = \left[\frac{1}{1 + |\alpha_{VG} h(\theta)|^n}\right]^m \qquad (6-13)$$

$$K(\theta) = K_s S_e^l [1 - (1 - S_e^{1/m})^m]^2 \qquad (6-14)$$

$$S_e = \frac{\theta - \theta_r}{\theta_s - \theta_r} = \left(\frac{1}{1+|\alpha h|^n}\right)^m \tag{6-15}$$

以上式中：$h(\theta)$——以土壤水压力水头（基质势）(L)；

θ——含水率(%)；

θ_r——残余含水率(%)；

θ_s——饱和含水率(%)；

α_{VG}——模型的形状参数；

$K(\theta)$——非饱和导水率(L/s)；

K_s——饱和导水率(L/s)；

S_e——饱和度；

l——土壤空隙连通性参数，通常取0.5；

n、m——方程拟合参数，$m = 1 - 1/n$，$n > 1$。

(3) 植物根系吸水

采用Feddes模型计算根系吸水量：

$$S(h) = \alpha(h)S_p = \alpha(h)b(x)T_p \tag{6-16}$$

式中：$\alpha(h)$——土壤水势(h)的相关函数，即根系吸水水分胁迫响应函数($0 \leq \alpha \leq 1$)；

S_p——潜在吸水率(d^{-1})；

$b(x)$——根系吸水分配密度函数；

T_p——潜在蒸腾量(cm)。

模拟参数采取HYDRUS-3D内置的小麦生长期相应参数。

6）模型识别

由稳定土壤含水率剖面法实测数据拟合得到的土壤水分特征曲线参数，作为参数初始输入值拟合效果较差。因此选用HYDRUS-3D神经网络预测模块的百分含量与干重度型预测土壤水分特征曲线相关参数，并通过参数敏感性分析及模型拟合过程修正各参数。

6.3.3 上阁村隧道水分运移数值模拟结果分析

2019年11月10日—2020年1月10日期间，径流场全剖面0～100cm土壤水分运移模拟过程如图6-4所示。观测点土壤含水率模拟值变化曲线如图6-5～图6-8所示。上阁村隧道DK208+900～DK209+000段1-1、1-2、1-3、1-4观测点，在降水后30d地表降水改变了隧道洞身黄土含水特性和物理性质，隧洞处体积含水率平均值由38.1%降至32.8%，提高了隧道洞身黄土围岩稳定性。

图6-4 全剖面土壤水分运移模拟过程

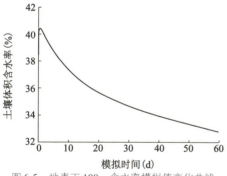

图6-5 地表下100m含水率模拟值变化曲线

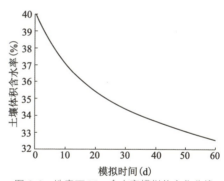

图6-6 地表下95m含水率模拟值变化曲线

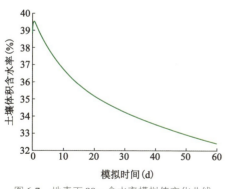

图6-7 地表下90m含水率模拟值变化曲线

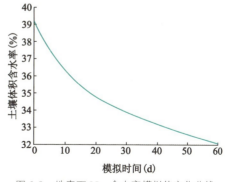

图6-8 地表下85m含水率模拟值变化曲线

从模拟结果可以看出,当地下水位降至隧洞底板高程后20d左右洞身处黄土含水率下降比较明显,由38.1%降至35.7%。大约40d以后,黄土含水率变化幅度减小,数值趋于稳定。

6.4 地表深孔降水改善围岩含水率效果分析

6.4.1 驿马隧道地表降水前后围岩含水率特征

1) 地表降水前围岩含水率特征

在隧道施工过程中,会使得地下渗流条件发生改变。若地下渗流导致隧道围岩稳定性下降,则会对隧道的施工造成影响,因此,必须了解隧道围岩在未施工前的初始含水率及施工时含水率的变化。

下面就驿马隧道未进行施工时,勘察期各钻孔的地层含水率情况进行分析对比。钻孔位置见表6.2。图6-9所示为不同钻孔、不同埋深土的含水率变化。

钻孔位置　　　　　　　　　　　　　　　　表6-2

钻孔编号	里　　程	钻孔深度(m)	地面高程(m)	孔口高程(m)	地下水位线(m)
TKQDZ-17	DK253+567.89 右72.47	70.30	1395.30	1395.30	39.20
TKQDZ-18	DK253+600.52 右76.42	70.40	1398.50	1398.50	40.84
TKQDZ-22	DK253+715.24 右81.14	65.60	1399.60	1399.60	44.20
YM1DZ-3	DK254+517.07 右143.01	55.10	1405.10	1405.10	43.80
YM1DZ-6	DK254+546.19 右150.14	55.30	1405.60	1405.60	44.80
YM1DZ-8	DK254+587.71 右149.70	60.00	1405.90	1405.90	45.80
YM1DZ-11	DK254+650.00 左15.00	60.20	1406.80	1406.80	44.80
YM1DZ-13	DK254+852.79 右149.64	65.00	1407.20	1407.20	46.50

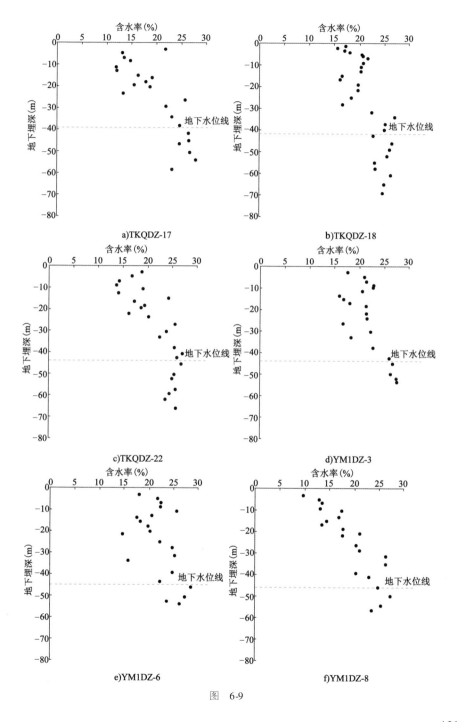

图 6-9

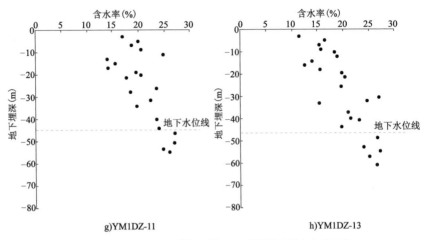

g)YM1DZ-11　　　　　　　　　h)YM1DZ-13

图 6-9　驿马隧道勘察期不同钻孔、不同埋深土的含水率变化

由图 6-9 可以看出：

TKQDZ-17 含水率最大值为 28%，最小值为 11.8%。地下水以上地层含水率范围为 11.8%~25.9%，主要集中在 19%~24%，占比约为 68.8%；地下水以下地层含水率范围为 23.1%~28%。

TKQDZ-18 含水率最大值为 27.2%，最小值为 15.5%。地下水位线以上地层含水率范围为 15.5%~27.2%，主要集中在 15%~22%，占比约为 72.7%；地下水位线以下地层含水率范围为 23%~26.4%。

TKQDZ-22 含水率最大值为 27.1%，最小值为 13.9%。地下水位线以上地层含水率范围为 13.9%~27.1%，主要集中在 13.5%~20.5%，占比约为 64.7%；地下水位线以下地层含水率范围为 23.6%~27%。

YM1DZ-3 含水率最大值为 27.6%，最小值为 15.9%。地下水位线以上地层含水率范围为 15.9%~26.1%，主要集中在 15%~23%，占比约为 94.1%；地下水位线以下地层含水率范围为 26.4%~27.6%。

YM1DZ-6 含水率最大值为 28.6%，最小值为 14.9%。地下水位线以上地层含水率范围为 14.9%~25.9%，主要集中在 17%~23%，占比约为 64.7%；地下水位线以下地层含水率范围为 23.8%~28.6%。

YM1DZ-8 含水率最大值为 27.%，最小值为 9.8%。地下水位线以上地层含水率范围为 9.8%~26.4%，主要集中在 12%~22.5%，占比约为 68.4%；地下水位线以下地层含水率范围为 23.5%~27.5%。

YM1DZ-11 含水率最大值为 27.1%，最小值为 13.9%。地下水位线以上地层含水率范围为 13.9%～24.8%,主要集中在 13%～21%,占比约为 70.6%;地下水位线以下地层含水率范围为 25%～27.1%。

YM1DZ-13 含水率最大值为 27.2%,最小值为 11.4%。地下水位线以上地层含水率范围为 11.4%～27%,主要集中在 10.5%～21.5%,占比约为 84.2%;地下水位线以下地层含水率范围为 24%～27.2%。

驿马隧道地层含水率在地下水位线以上与地下水位线以下差异较大,上部含水率大部分在 15%～22% 范围内,下部含水率大部分在 23%～26% 之间。且上部含水率离差较大,下部含水率离差较小。

2)地表降水后围岩含水率特征

(1)驿马隧道进口浅埋段 DK255+443

驿马隧道 DK255+443 横断面如图 6-10 所示,该断面隧道拱顶至地表面距离为 34.5m,属于浅埋隧道。原始地下水位为 39.2m,高出隧道仰拱基底约 5.6m。整个洞身为第四系中更新统黏质黄土。此次分别对左拱腰、拱顶、右拱腰、左拱脚、拱底中心、右拱脚 6 个位置进行监测。其中左拱腰、拱顶、右拱腰在地下水位以上,左拱脚、拱底中心、右拱脚在地下水位以下或临近地下水位。

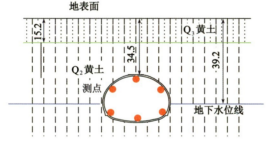

图 6-10 驿马隧道 DK255+443 横断面示意图(尺寸单位:m)

驿马隧道 DK255+443 横断面含水率变化如图 6-11 所示。断面拱顶及拱腰在隧道施工开始阶段含水率在 15%～17% 之间。随着隧道施工的进展,围岩含水率呈缓慢上升的状态,最终保持在 16%～19% 之间。断面拱底及拱脚在隧道施工开始阶段含水率在 19%～22% 之间。随着隧道施工的进展,围岩含水率在 7d 内快速上升至 23%～26% 之间。随后围岩含水率进入平稳上升阶段,最终含水率保持在 26%～30% 之间。在平稳期内,围岩含水率基本在较小范围内波动。

根据前期的勘察资料可知,地下水以上地层含水率在 14%～22% 之间,以下地层含水率在 23%～28% 之间。此断面上部处于地下水以上地层,下部处于地下水以下地层。断面上部初期含水率与勘察期含水率一致。

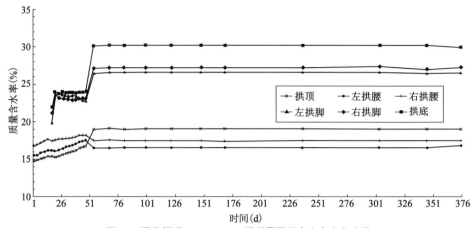

图 6-11 驿马隧道 DK255+443 横断面围岩含水率变化曲线

断面开挖初期,围岩含水率与勘察期的含水率接近。在施工过程中,围岩顶部含水率缓慢上升,但上升幅度不大,变化幅度在 1% ~3% 之间,含水率依然维持在较低的水平;底部地下水初期快速上升,但在短期内就达到稳定状态,之后变化幅度不大。相较勘察期含水率,隧道底部围岩含水率稳定后略有上升,但施工时实时施作系统锚杆、锁脚锚杆等措施不得不带入少量水分,使得测试水分数值偏高。故可以认为地下水位渗流对隧道影响较小。

(2)驿马隧道 1 号斜井西安端 DK256+280

驿马隧道 DK256+280 横断面如图 6-12 所示。该断面隧道拱顶至地表面距离为 53.0m,原始地下水位距地表 40.8m,高出拱顶约 12.2m,隧道洞身为第四系中更系统黏质黄土。此断面布置了深孔降水井,实施连续降排水,目的是降低断面含水率,利于施工。此次分别对断面深部、断面浅部两个维度进行监测。浅部分为左拱腰、拱顶、右拱腰、左拱脚、拱底中心、右拱脚 6 个位置,深部分为左边墙—中、左边墙—下、右边墙—下、右拱脚、左拱脚 5 个位置。监测点均在地下水水位以下。驿马隧道 DK256+280 断面中上台阶含水率变化如图 6-13 所示。

施工最开始在中上台阶进行,断面拱顶及拱腰开始时的含水率在 24% ~26.5% 之间。断面拱顶及拱腰含水率变化可分为以下几个阶段:第Ⅰ阶段,在工程开始后,断面拱顶及拱腰含水率在第二天快速上升至 30% ~34% 之间。第Ⅱ阶段,拱顶含水率从最高的 34% 回落至 21.7%,左拱腰含水率从 29.7% 回落至 25.6%;右拱腰虽然含水率依然上升,但上升速度明显变慢。第Ⅲ阶段,含水率开始上升,左拱腰含水率从 25.6% 上升至 30.1%,拱顶含水率从 21.6% 上升至 24.0%;右拱腰含水率虽然在下降,但下降范围很小,仅为 0.3%。第Ⅳ阶段,拱顶及拱腰此时含水率在一定范围内变化,变化幅度不大,基本处于稳定状态。深—左边墙—下、深—右边墙—下含水率与浅部含水率变化类似,在 7d 左右含水率先快速上升,之后则开始回落,最终进入平衡状态。深—左边墙—中含水率则在施工后缓慢上升,在含水率到达 20% 后保持稳定。

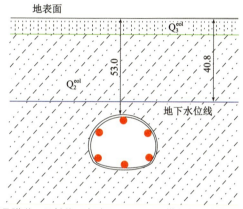

图 6-12　驿马隧道 1 号斜井西安端 DK256+280 横断面示意图(尺寸单位:m)

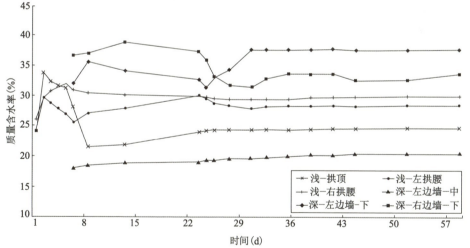

图 6-13　驿马隧道 DK256+280 断面中上台阶围岩含水率变化曲线

下台阶、仰拱含水率变化如图 6-14 所示。下台阶、仰拱位置在中上台阶施工 23d 后开挖。断面拱底及拱脚开始时的含水率在 35.5%~39% 之间。断面拱顶及拱腰含水率变化经历以下几个阶段:第Ⅰ阶段,施工后断面拱底及拱脚含水率在第二天快速上升,达到 39.4%~40%。第Ⅱ阶段,含水率开始回落,左拱脚含水率从 40% 下降至 39%,右拱脚含水率从 39.4% 下降至 37.1%,拱底含水率虽然也下降,但仅下降 0.3%,变化幅度不大。第Ⅲ阶段,拱底及拱脚含水率变化幅度不大,基本处于稳定状态,深—左拱墙、深—右拱墙则在初期快速下降,之后开始缓慢上升,最终含水率保持稳定。

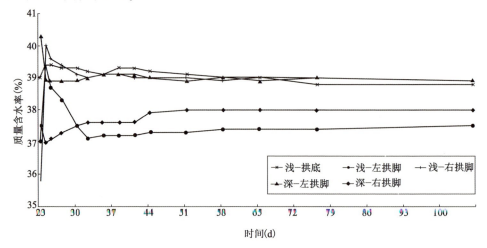

图 6-14　驿马隧道 DK256+280 下台阶、仰拱围岩含水率变化曲线

按照勘察阶段的资料可知,驿马隧道地下水位线以上地层含水率在 14%~22%之间,地下水位线以下地层含水率在 23%~28%之间。驿马隧道 DK256+280 断面在施工前进行了连续的地表降水工程,此断面初期含水率相较勘察期含水率并没有显著的下降,说明此处的降水工程没有使施工前的断面围岩含水率下降。在施工开始后,围岩含水率进入快速上升阶段。此时断面开挖使得地下水渗流条件改变,地下水快速向断面汇聚,造成含水率快速上升。之后,含水率又开始下降。在施工时,此处一直进行着降水工程。降水工程虽然在此断面并未对初期的围岩含水率有太大影响,但在隧道开挖含水率快速上升后,降水工程不断排水对围岩含水率的上升起到了阻滞作用,使得各部位含水率下降或者上升速率下降。之后,在地下水渗流及降水工程抽水两方面作用下,含水率进入波动阶段。当渗流供水与降水工程排水两方面平衡后,围岩含水率最终平衡。

6.4.2　上阁村隧道地表降水前后围岩含水率特征

1) 地表降水前围岩含水率特征

为探究地层含水率在不同深度下的变化,在上阁村隧道段选取 SGDZ-1、SGDZ-3、SGDZ-5 钻孔进行研究,主要考虑地下水及深度两方面因素对地层含水率的影响。

勘探孔详细情况见表 6-3。

钻孔位置 表6-3

钻孔编号	里　程	钻孔深度（m）	地面高程（m）	钻孔高程（m）	地下水位线（m）
SGDZ-1	DK212+400.13 右20.26	80.5	1263.10	1263.10	52.9
SGDZ-3	DK212+996.15 左13.21	90.4	1269.10	1269.10	64
SGDZ-5	DK213+499.92 左15.01	85.8	1273.50	1273.50	69

图6-15分别是SGDZ-1、SGDZ-3、SGDZ-5钻孔不同埋深土的含水率变化图。

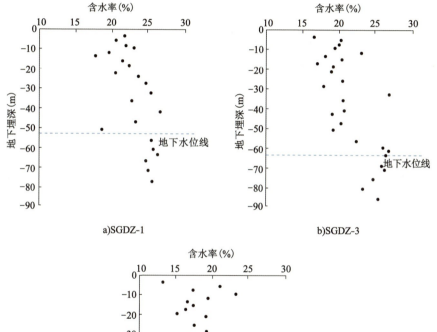

a)SGDZ-1　　　　　　　　　b)SGDZ-3

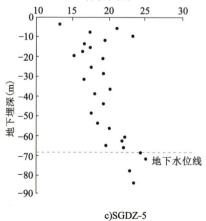

c)SGDZ-5

图6-15　上阁村隧道勘察期各钻孔不同埋深土的含水率变化

由图6-15可以看出：

SGDZ-1含水率最大值为26.6%，最小值为17.7%。地下水位线以上地层含水率范围为17.7%~26.6%，主要集中在19%~24%，占比约为64.7%；地下水位线以下地层含水率范围为24.6%~26.2%。

SGDZ-3含水率最大值为26.9%，最小值为16.6%。地下水位线以上地层含水率范围为16.6%~26.9%，主要集中在16%~21%，占比约为76.2%；地下水位线以下地层含水率范围为23.3%~26.4%。

SGDZ-5含水率最大值为25%，最小值为13.2%。地下水位线以上地层含水率范围为13.2%~23.3%，主要集中在15%~22.1%，占比约为78.3%；地下水位线以下地层含水率范围为22.8%~25%。

随着深度的增加，地层含水率有增大的趋势。且相较之下，地下水位线以上的地层含水率分布较为离散，以下的地层含水率分布则较为均匀，是由于地下水位线以下的地层土的中孔隙被水充斥，饱和度较高。地下水位线以上地层由于毛细、地下水位变化、地下裂隙发育不同等，导致各个位置含水率差异较大。根据上阁村勘察孔含水率随深度变化，可以总结，上阁村隧道地下水位线以上地层含水率与地下水位线以下地层含水率差异较大，上部含水率在大部分在15%~22%范围内，下部含水率大部分在23%~26%之间，且上部含水率离散较大，下部含水率离散较小。

2）地表降水后围岩含水率特征

（1）上阁村隧道DK211+493断面

上阁村隧道DK211+493断面如图6-16所示。该断面隧道拱顶高程为1204m，拱顶至地表面距离为50.2m。其中地下水埋深为58.4m，高出隧道仰拱基底约4.35m。隧道围岩为第四系中更新统黏质黄土。此次分别对左拱腰、拱顶、右拱腰、左拱脚、拱底中心、右拱脚6个位置进行监测。其中左拱腰、拱顶、右拱腰在地下水位线以上，左拱脚、拱底中心、右拱脚在地下水为以下或临近地下水位线。

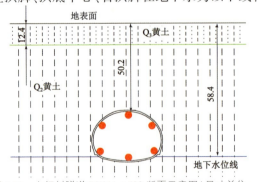

图6-16 上阁村隧道DK211+493断面示意图（尺寸单位：m）

上阁村隧道 DK211+493 断面含水率变化如图 6-17 所示,由图可知,隧道顶部拱顶和拱腰部位围岩初始含水率在 15%~17.5% 之间,而隧道底部仰拱和拱脚部位围岩初始含水率在 19%~22% 之间。在隧道施工后,断面含水率缓慢上升。隧道顶部拱顶和拱腰部位围岩含水率缓慢上升至 15.5%~18.5%,而底部仰拱和拱脚部位围岩含水率上升至 22%~24%。围岩上部监测点含水率变化较为平缓,下部含水率初期上升速率较快,之后保持平稳状态。

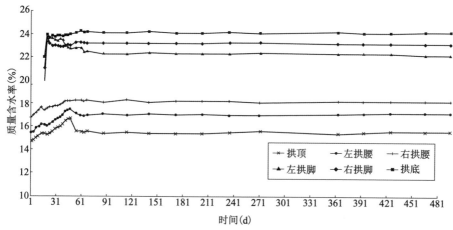

图 6-17　上阁村隧道 DK211+493 断面含水率变化曲线

与前期勘察资料对比可知,上阁村隧道地层处于天然含水率状态,开挖时隧道围岩状态与勘察初期基本一致。隧道顶部在隧道开挖过程中,含水率变化幅度一般为 0.3%~0.8%,变化范围不大,说明在施工期间,隧道围岩并没有受到渗流影响或渗流没有导致含水率升高。隧道底部在隧道开挖过程中,前期含水率虽然小于勘察阶段,但底部施工在顶部之后,考虑到施工会对隧道断面产生影响,且地层地下水位线并非恒定的,而隧道底部上升至勘察初期含水率后,围岩含水率变化基本稳定,因此,同样可以认为隧道围岩并没有受到渗流影响或渗流没有导致含水率升高。综上所述,可以认为,当隧道处在地下水位以上时,隧道施工不会影响围岩含水率状态。

(2) 上阁村隧道 DK210+31.0 断面

上阁村隧道 DK210+31.0 断面如图 6-18 所示。该断面隧道拱顶至地表面距离为 58.4m,地下水埋深为 53m,高出隧道拱顶约 5.4m。隧道围岩为第四系中更新统黏质黄土,呈软塑状。在隧道施工过程中,沿隧道走向纵向布置了深孔降排水井,连续不间断地排水。此次分别对左拱腰、拱顶、右拱腰、左拱脚、拱底中心、右拱脚 6 个位置进行监测。由于仰拱及拱脚部位因工程原因未测到相关数据,仅仅对上台阶围岩水分变化进行监测。其中左拱腰、拱顶、右拱腰均在地下水位线以下。

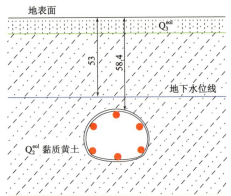

图 6-18　上阁村隧道 DK210 + 31.0 断面示意图(尺寸单位:m)

上阁村 DK210 + 31.0 断面含水率变化如图 6-19 所示。断面在开挖后,最初的含水率在 18% ~ 20% 之间。随着工程的进行,围岩含水率缓慢上升至 24% ~ 27% 时,进入稳定状态。之后,围岩含水率继续上升,最终在 25% ~ 29% 之间保持稳定。

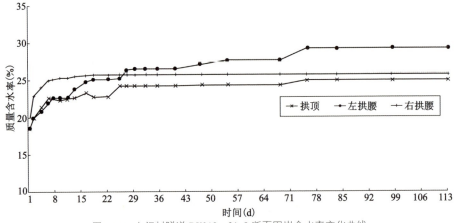

图 6-19　上阁村隧道 DK210 + 31.0 断面围岩含水率变化曲线

此断面隧道均在地下水位以下,勘察期地层含水率则为 23% ~ 28%。断面开挖初期,地层含水率在 18% ~ 20% 之间,低于勘察期含水率 23% ~ 28%,说明地表降水工程一定程度上降低了隧道围岩含水率,这对改善隧道施工工况是有利的。随着掌子面的不断推进,隧道围岩含水率从 18% ~ 20% 最终上升至 25% ~ 29% 并保持稳定,略微超过未开挖地层的含水率。这主要是因为隧道开完形成了地下水排泄通道,导致区域地下水向隧道区渗流汇集,导致含水率回复甚至略微超过开完之前的地层天然含水率。

6.4.3 降水量时空分布特征分析

将上阁村隧道与驿马隧道降水井抽水量进行对比,分析两地含水层差别。上阁村隧道降水井选取试验区降水井,驿马隧道降水井选取 1~24 号降水井。由于驿马隧道降水工程实施周期较长,为方便与上阁村隧道降水井比较,抽水数据选用降水开始后前 31d 数据汇总,如图 6-20 与图 6-21 所示。

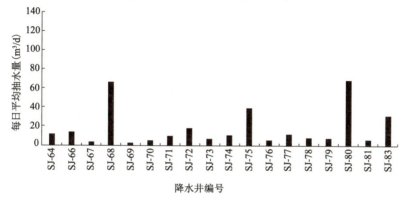

图 6-20 上阁村隧道降水井每日平均抽水量

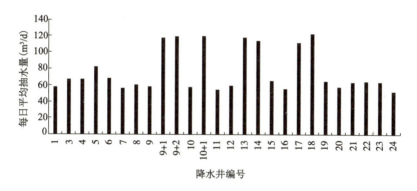

图 6-21 驿马隧道降水井每日平均抽水量

上阁村隧道降水井每日平均抽水量最大为 68.89m³/d,为 SJ-80 降水井;最小为 0.88m³/d,为 SJ-77 降水井。大部分降水井每日平均抽水量在 20m³/d 以下,仅 4 口井每日平均抽水量井超过 20m³/d。驿马隧道降水井每日平均降水量最大为 122.19m³/d,为 18 号降水井;最低为 52.58m³/d,为 24 号降水井。大部分降水井每日平均抽水量在 50~70m³/d 之间。

对比图 6-20 与图 6-21 发现，上阁村隧道降水井抽水量明显低于驿马隧道降水井抽水量，且上阁村隧道降水井抽水量有明显的不均一性。除少数几个降水井（SJ-67、SJ-75、SJ-78）之外，其余降水井抽水量均较少。而驿马隧道各降水经抽水量大，且各降水井前 31d 的抽水量也较为均一。这说明驿马隧道黄土地层连通性较好，群井降水能够有效降低地下水水位埋深。而且，隧道内部监测资料表明，降水工程实施后，驿马隧道围岩含水率明显降低，工程施工能够有效实施。

上阁村隧道降水井抽水量较小，各个降水井的抽水量也非常不均匀。根据群井降水原理，在降水井排水时，降水井附近水位会快速下降，周围水补充降水井，形成降水漏斗，然后整体水位缓慢下降。不同井位抽水量明显不均匀，表明上阁村段黄土地层侧向连通性差，因此，降水井水位快速下降后，周围的地下水无法及时沿水平方向向降水井补充，相邻井位之间的地下水位也难以降低。

对于上阁村隧道软塑黄土与下伏黏性黄土的组合地层，室内试验数据表明，在竖直方向水力连通性差；降水井水量时空分布不均匀性表明，在水平方向水力连通性差。正是由于组合地层水力连通性差，导致降水井群难以整体降低地下水埋深。这也解释了同为银西高铁黄土塬隧道，上阁村隧道降水工程效果很差，驿马隧道降水工程可以取得满意的效果的主要原因。

第 7 章
超前深孔注浆技术

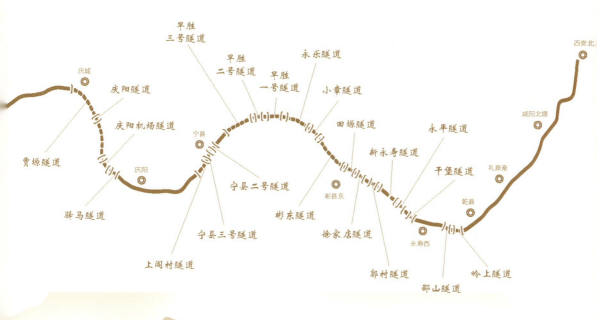

上阁村隧道掌子面揭示地层为第四系中更新统风积黏质黄土,呈棕黄色,针状孔隙发育,硬塑为主,局部软塑,拱部位于地下水位线附近,受软塑黄土夹层影响,随着时间推移,掌子面有渗(出)水现象,呈点线状或面状,土体遇水浸泡后呈软塑状,自稳性差,拱部易发生变形、坍塌,施工难度大,安全风险高。为保证施工安全,在上阁村隧道DK208+620~DK210+740段采用地表或掌子面超前深孔刚性袖阀管注浆措施,对隧道洞身开挖区域及开挖轮廓线外一定范围内的围岩特性进行改善。

7.1 地表深孔注浆改善围岩特性

上阁村隧道DK208+620~DK208+880、DK208+980~DK209+040、DK209+300~DK209+400、DK210+540~DK210+740段共计600隧道延米采取了地表深孔注浆的方式,用以改变软塑黄土围岩特性。

1) 注浆范围

注浆加固中平面加固范围为大于横向最大宽度两侧的3m。竖向加固范围在隧道的两侧为仰拱底以下4m至拱顶以上5m内,在洞身部分从拱顶以上5m至拱顶以下1m内,仰拱底以下4m至仰拱底上1m内。

(1) DK208+620~DK208+675、DK208+725~DK208+860段注浆孔设计排间距2.0m×2.0m等腰三角形布置,注浆扩散半径为1.15m,如图7-1~图7-3所示。

(2) DK208+675~DK208+725段注浆孔设计排间距1.8m×1.8m三角形布置,注浆扩散半径为1.04m,如图7-4所示。

(3) DK208+980~DK209+040、DK209+300~DK209+400段注浆孔设计排间距2.25m×2.25m三角形布置,注浆扩散半径为1.30m,如图7-5所示。

2) 浆液选择

注浆材料:普通硅酸盐水泥单液浆,浆液水灰比($W:C$)为0.6~0.8:1,其添加羟丙纤维素(HPC)外加剂量为水泥质量的15%~20%。正常注浆时浆液水灰比为0.8:1,若注浆压力长时间不上升或注浆量超出设计注浆量,则调整浆液水灰比为0.6:1,并及时调整浆液凝结时间。

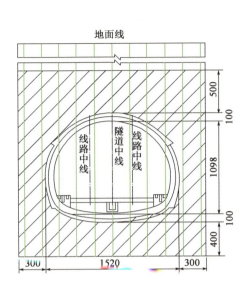

图 7-1 横断面示意图(尺寸单位:cm)

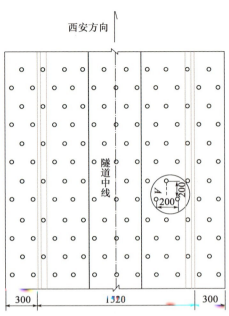

图 7-2 平面布孔示意图(尺寸单位:cm)

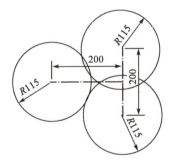

图 7-3 注浆扩散半径(尺寸单位:cm)

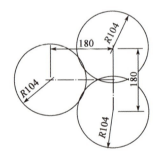

图 7-4 浆液扩散半径(尺寸单位:cm)

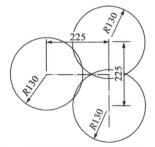

图 7-5 浆液扩散半径(尺寸单位:cm)

单孔注浆终止标准:单孔注浆压力达到设计注浆压力并稳定 10min 后结束注浆。

终孔注浆终止标准:所有注浆孔均满足符合单孔结束条件。

浆液填充率计算公式:

$$\alpha = \frac{Q}{1.1Vn(1+\beta)} \quad (7-1)$$

式中:α——浆液填充率(%);
Q——注浆量(m^3);
β——浆液消耗系数;
V——加固体积(m^3);
n——地层孔隙率。

单孔注浆量标准公式:

$$Q = \pi R^2 H n \alpha (1+\beta) \quad (7-2)$$

式中:Q——注浆量(m^3);
R——扩散半径(m);
H——注浆管有效长度(m);
其他符号含义同前。

3)注浆参数

注浆压力 2~3MPa,综合考虑现场其他因素影响,根据现场试桩数据调整注浆参数。单孔注浆终止标准:单孔注浆压力达到设计注浆压力并稳定 10min 后结束注浆。单孔延米注浆量 = 总设计注浆量/(钻孔数 × 单孔注浆长度)。浆液选择参数见表 7-1。

注浆浆液参数表　　　　　　表 7-1

序号	参 数 名 称	设定参数
1	扩散半径(m)	1.04/1.15/1.30
2	注浆终压(MPa)	3~4
3	注浆速度(L/min)	20~90
4	普通硅酸盐水泥单液浆配合比(水:灰)	(0.6~0.8):1.1
5	套壳料配合比(水:灰:土)	2:1:1
6	袖阀管注浆分段长度(m)	0.5~1.0

4）注浆方案工艺

注浆工艺采用多次循环注浆工艺,单孔第一遍注浆量为设计量1/3,第二遍注浆量为设计量100%,达到设计压力,终止注浆,如没有,进行第三循环注浆,以此类推。每一循环注浆工艺流程如图7-6所示。

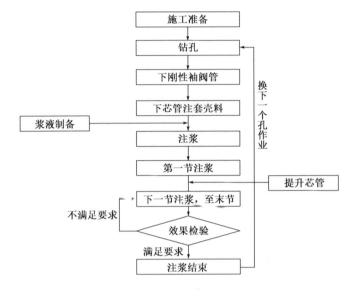

图7-6 注浆工艺流程图

（1）钻孔

采用全站仪按设计要求定出注浆孔孔位,采用多功能履带式CL-600地质钻机按标出的孔位垂直于地面进行钻孔,钻孔孔位中心位置允许偏差不应超过±50mm,钻孔垂直度误差≤$L/150$（L为桩长）。在钻孔过程中,做好详细的钻孔记录,对钻孔进行地质描述,以利于注浆作业施工,成孔后安装刚性袖阀管,注入套。

（2）安设袖阀管

刚性袖阀管采用 ϕ76mm、壁厚3.5mm无缝钢管现场加工制作。钢管注浆段设置 ϕ8mm注浆孔,每断面均匀布置4个注浆孔,注浆孔断面间距为75cm,底端15cm加工成尖锥状。接头管采用 ϕ89mm、壁厚3.5mm无缝钢管,切割50cm长,在孔口连接时与 ϕ76mm 壁厚3.5mm无缝钢管满焊。

对于均质地层采用单囊止浆塞,对于局部存在较软弱地层段在二次注浆时采用双囊止浆塞进行注浆。注浆芯管 ϕ20mm,芯管上下设水囊,注浆管长1m,袖阀管外侧注浆孔采用 ϕ76mm 阀套2层包裹,包裹宽度4cm,阀套外侧采用防水胶带缠绕4层,如图7-7所示。

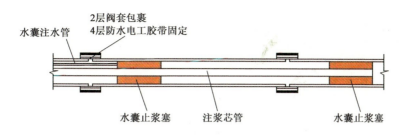

图 7-7 袖阀管制作及安装示意图

(3) 止浆工艺

袖阀管安设完成后,下入水囊式止浆塞,向注浆管周边孔内投入套壳料,套壳料采用水泥和膨润土混合液,配合比为:水泥∶膨润土∶水 =1∶1∶2。采用后退式注浆工艺,通过下入注浆芯管(ϕ20mm)和水囊式止浆塞实现后退式分段注浆。止浆塞通过手压泵加压至 3MPa 时,开始注浆,当注浆指标达到设计要求时,停止注浆,后退一段,进行下一分段注浆。同时,刚注过浆的阀套会收缩,紧紧抱住套管防止刚注过的浆液回流到袖阀管中,若注浆效果不好需要重新补注浆时,可在套管的适当位置重新下入注浆塞,进行重注。

5) 注浆施工

图 7-8 所示为现场施工情况。

(1) 注浆顺序

注浆孔位根据设计图现场编号,并安装编号标示牌,注浆施工遵循由外到内、跳孔作业原则,以达到控域注浆、挤密加固的目的。

a) 加工刚性袖阀管

b) 钻孔作业

图 7-8

c)灌注套壳料

d)连接注浆管路

e)双芯管注浆

f)注浆结束洗孔作业

图7-8 现场施工

（2）注浆过程

注浆过程中对浆液流动性、进浆速度、注浆压力、进浆量等参数进行全过程记录，并根据施工需要适当掺加HPC外加剂调整浆液的流动性。

6）注浆效果检查与评定

注浆加固效果评定方法应结合钻孔、注浆施工记录、通过检查孔法（检查孔取芯和固结体强度等）和面波雷达检测法，两种方法相互印证、综合分析，确保注浆效果的可靠性。

在注浆结束24h后，根据注浆量分布特征，以及注浆过程中所揭示的工程地质及水文地质特点，对钻孔数量5%的注浆孔中间位置及可能存在的注浆薄弱环节设置检查孔，通过对检查孔观察、取样观察进行注浆效果评价。

7.2 掌子面超前帷幕注浆改善围岩特性

1) 袖阀管注浆设计

采取洞内超前水平注浆加固方案,超前注浆循环加固纵向长25m,径向加固范围为开挖面及开挖轮廓线外8m,下部至隧道仰拱底部以下4m。共设2个注浆断面,注浆孔102个,其中补孔断面28个孔,终孔断面74个孔。注浆加固纵断面如图7-9所示,终孔断面布置如图7-10所示。

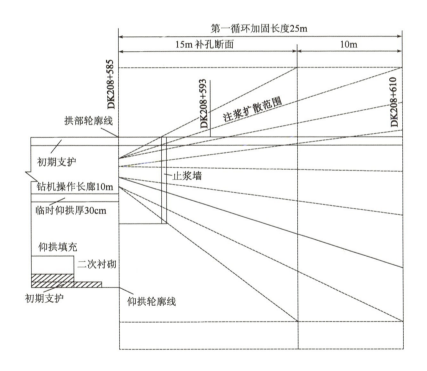

图 7-9 注浆加固纵断面示意图

2) 注浆设计参数

(1) 注浆材料

采用普通硅酸盐水泥(P.O 42.5)单液浆为主,普通水泥—水玻璃双液浆为辅,单液浆配合比:$W:C=(0.8\sim1):1$,双液浆配合比:$W:C=(0.8\sim1):1$,水泥浆:水玻璃$(C:S)=1:1$。

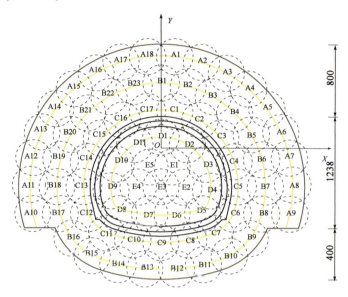

图 7-10　终孔断面布置示意图(尺寸单位:cm)

(2)注浆压力

注浆终压为 3.0~4.0MPa,注浆参数见表 7-2。

注 浆 参 数 表　　　　　　　　表 7-2

序号	参 数 名 称		参 数 值
1	注浆范围 (m)	纵向	25
		径向	初期支护轮廓线外 8,仰拱下 4
2	扩散半径(m)		2
3	注浆终压(MPa)		3~4
4	注浆孔径(mm)		90
5	注浆速度(L/min)		10~100
6	注浆方式		0~15m:前进式分段注浆
			15~25m:袖阀管束注浆
7	注浆孔数量(个)		102

(3)注浆工艺选择

本循环 0~10m 范围主要采用前进式分段注浆方式,分段长度 5m;在 10~25m

范围采用袖阀管束的注浆方式。

(4) 注浆过程控制

在先序孔的注浆过程中,单孔单段注浆量较大,判断由于洞内塌方地层受扰动后较为松散。在图 7-10 中,A 序孔以量控为主,B 序孔以定压、定量相结合的方式,其他孔主要以定压的方式进行控制。

7.3 超前深孔注浆效果分析

7.3.1 注浆前土体含水率及干密度

在地表注浆施工后,注浆会对黄土性质产生一系列影响,包括含水率、干密度等。为了明确银西高铁庆阳上阁村隧道地表注浆的作用机理,必须明确未注浆前黄土的含水率、干密度,于是将上阁村勘察期各钻孔的地层含水率、干密度情况进行分析对比。

(1) SGC3XBZ-1 钻孔

图 7-11 为 SGC3XBZ-1 钻孔不同埋深土的含水率、干密度变化。

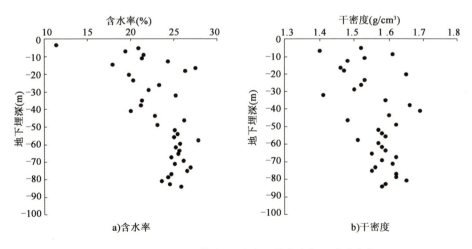

图 7-11　SGC3XBZ-1 钻孔不同埋深土的含水率、干密度变化

SGC3XBZ-1 钻孔含水率最小为 11.4%，埋深为 3.50～3.70m；含水率最大为 27.8%，埋深为 57.50～57.70m；干密度最小为 1.4g/cm³，埋深为 7.00～7.20m；干密度最大为1.69g/cm³，埋深为 41.00～41.20m。

（2）SGC3XJKBZ-1 钻孔

图 7-12 为 SGC3XJKBZ-1 钻孔不同埋深土的含水率、干密度变化。

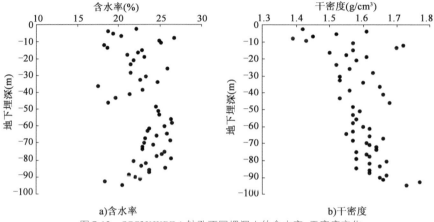

图 7-12　SGC3XJKBZ-1 钻孔不同埋深土的含水率、干密度变化

SGC3XJKBZ-1 钻孔含水率最小为 17.5%，埋深为 36.40～36.80m；最大为 26.7%，埋深为 7.00～8.40m；干密度最小为 1.39g/cm³，埋深为 8.00～8.40m；最大为 1.77g/cm³，埋深为 92.60～93.00m。

（3）SGC3XJKBZ-3 钻孔

图 7-13 为 SGC3XJKBZ-3 钻孔不同埋深土的含水率、干密度变化。

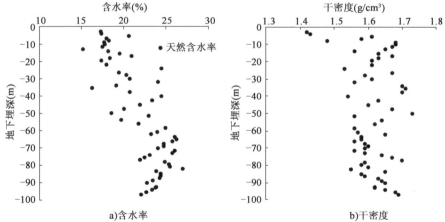

图 7-13　SGC3XJKBZ-3 钻孔不同埋深土的含水率、干密度变化

SGC3XJKBZ-3 钻孔含水率最小为 9.6%,埋深为 1.60~2.00m;含水率最大为 27%,埋深为 82.20~82.60m。干密度最小为 1.42g/cm³,埋深为 3.00~3.40m;干密度最大为 1.73g/cm³,埋深为 50.00~50.40m。

(4) SGCYXBZ-18 钻孔

图 7-14 为 SGCYXBZ-18 钻孔不同埋深土的含水率、干密度变化。

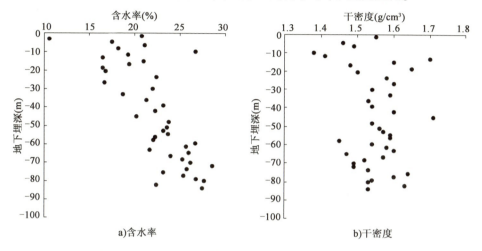

图 7-14 SGCYXBZ-18 钻孔不同埋深土的含水率、干密度变化

SGCYXBZ-18 钻孔含水率最小为 10.6%,埋深为 2.80~3.00m;含水率最大为 28.6%,埋深为 71.70~71.90m。干密度最小为 1.29g/cm³,埋深为 9.70~9.90m;干密度最大为 1.71g/cm³,埋深为 45.00~45.20m。

此次取样点位置 DK208+880.3 断面隧道拱顶埋深为 94.2m,因此选取了上述勘探孔 90m 以下土的含水率、干密度作为初始的干密度、含水率。其中含水率范围为 18.3%~23.9%,干密度范围为 1.62~1.77g/cm³。

7.3.2 注浆后黄土特性变化

1) 取样地点

为测量注浆加固后土样性质变化,按照施工进度,从上阁村隧道 4 号斜井进入隧道 DK208+880.3 断面,利用环刀现场取得土样。因黏性黄土水平、竖向渗透系数差别较小,此次土样仅测量水平方向的渗透系数。此次取样选取断面中台阶两处发育明显的浆脉,分别在浆脉左侧、浆脉右侧、两浆脉之间取样。

2)浆脉特征

图 7-15 为隧道掌子面出露浆脉形态。黄土地层注浆后,注浆浆脉以条状或锥状填充在地层裂隙中,浆脉主体呈青灰色,有部分白色物质。浆脉以竖向发育为主,有部分横向发育的浆脉,但横向发育的浆脉厚度较小。浆脉随注浆管发育,浆脉与浆脉间没有连通,并未形成明显的网状结构。

a)

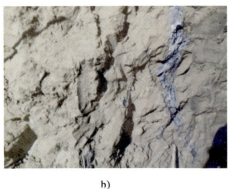
b)

图 7-15　隧道掌子面出露浆脉形态

图 7-16 所示为浆脉结石块体,块体颜色以青灰色为主,有白色半透明物质,硬度较大,但风干一段时间后,块体表面发育裂缝,使其强度下降。

a)

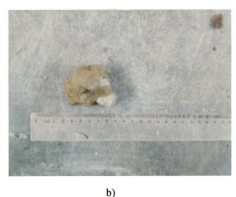
b)

图 7-16　浆脉结石块体

3)黄土性质变化

(1)干密度

黄土试样的干密度与浆脉位置关系如图 7-17 所示。

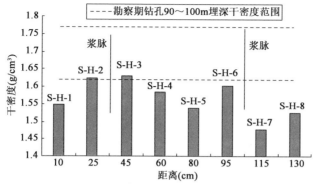

图 7-17　黄土试样的干密度与浆脉位置关系

从图 7-17 可以看出,黄土试样 S-H-2、S-H-3 和 S-H-6 干密度分别为 1.62 g/cm³、1.63 g/cm³ 和 1.60g/cm³,均大于或等于 1.60g/cm³,明显大于其他黄土试样的干密度。根据取样位置,从黄土试样 S-H-3 向右到黄土试样 S-H-4 再到黄土试样 S-H-5 最后到黄土试样 S-H-6,干密度呈先减小后增大的趋势;从黄土试样 S-H-2 向左到黄土试样 S-H-1,干密度呈减小的趋势;黄土试样 S-H-7 的干密度为 1.48g/cm³,明显小于其他 7 个黄土试样的干密度,说明注浆压力达到一定数值时,周围的部分土体开始剪切破坏,形成劈裂裂隙。所以,黄土试样 S-H-7 内部有较大的劈裂裂隙,干密度发生了下降。根据前期勘察报告,取样点黄土的干密度范围为 1.62~1.77g/cm³ 之间。试样中仅有 S-H-2、S-H-3 在此范围之内,说明试样点均产生不同程度的劈裂,地表注浆对隧道内土体整体产生了劈裂作用。因此可以说明,在注浆过程中,浆液填充了裂隙,周围的土体发生了剪切作用。

(2)含水率

黄土试样的含水率与浆脉位置关系如图 7-18 所示。从图中可以看出,黄土试样 S-H-1 至黄土试样 S-H-6 的含水率无明显的差别,集中在 23.5%~26.5% 的范围内。但是黄土试样 S-H-7 至黄土试样 S-H-8 的含水率大于 29%,均大于其他 6 个黄土试样的含水率。主要原因是注浆过程中黄土试样 S-H-7 内部产生了较大的劈裂裂隙,地下水向较大的劈裂裂隙集中,并向其周围扩散,黄土试样 S-H-7 及周围的土体(包括黄土试样 S-H-9)的含水率发生了增大。对于黄土试样 S-H-6,虽然与黄土试样 S-H-7 的距离近,但是两个黄土试样之间有一层浆脉(渗透系数小),导致黄土试样 S-H-7 周围的地下水无法向黄土试样 S-H-6 周围扩散,黄土试样 S-H-6 的含水率没有发生增大。根据前期勘察报告,取样点黄土的含水率范围为 18.3%~23.9% 之间,试样除 S-H-6 均大于此范围在此范围。这说明对于产生了较大的劈裂裂隙的土体,土体的含水率会发生增大。

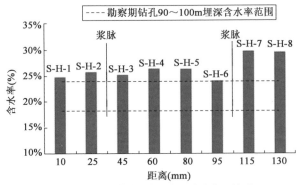

图 7-18　黄土试样的含水率与浆脉位置关系

(3) 渗透系数

黄土试样的渗透系数如图 7-19 所示。从图中可以看出,黄土试样 S-H-1、S-H-2、S-H-3、S-H-5、S-H-6 和 S-H-8 的渗透系数集中在 $2\times10^{-5}\sim2\times10^{-4}$ cm/s 的范围,明显小于为注浆前黏性黄土的渗透系数。在注浆过程中,浆液具有一定的压力,对周围的土体会造成一定程度的剪切破坏,周围大部分土体会产生微小的劈裂裂隙。虽然微小的劈裂裂隙对周围大部分土体的干密度无明显影响,也不会形成地下水的渗流通道,土体的含水率没有发生明显的增大;但是微小的裂隙对土体的结构具有重要影响,土体内的裂隙增大,土体的渗透系数发生了明显的下降。对于黄土试样 S-H-7,其内部产生了较大的劈裂裂隙,渗透系数最大。

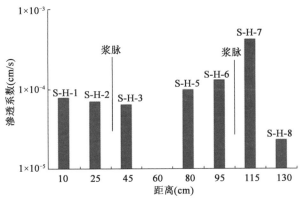

图 7-19　黄土渗透系数与浆脉位置关系图

4) 地表注浆机理分析

上阁村隧道黄土地层中浆脉分布以竖向为主,彼此间距较大。注浆地层含水率升高,浆脉附近黄土干密度降低,黄土渗透系数有所增大,浆脉支撑结构限制了围岩的下沉变形。

在黄土地层注浆后,节理裂隙都被液浆充填,且一般裂隙粗糙,浆液能与裂隙壁黏结较好。一方面,裂隙充填改善了黄土的完整性、连续性、坚固性,隧道开挖后可以有效防止洞顶围岩的剥落;被浆液充填后垂直裂隙同时增加了围岩的横向约束能力,整体抗压强度得到增强;并且脉状的浆液结石体可以构成黄土内部支撑,提高了黄土的均一性。另一方面,注浆过程对周围的土体会造成一定程度的剪切破坏,土体的渗透系数会发生下降。

注浆会对土体产生劈裂。浆液填充到黄土裂隙的过程中,注浆压力会对土体造成劈裂裂隙。与之前试验渗透系数相比,注浆后渗透系数均有上升,这表明在注浆后,土体均产生了不同程度裂隙,但只有较大的裂隙才会导致土体干密度下降。

对于产生了较大的劈裂裂隙的土体,其干密度会降低,渗透系数增大,若裂隙联通形成地下水的渗流通道,则会导致含水率上升。同时由于注浆浆脉渗透性较差,在填充至土体裂隙后,也会产生一定的阻水能力,导致整体渗透能力降低。

同时,由于浆液扩散不明显,传统注浆工程表现出的浆液化学加固效果及帷幕阻水效果,对上阁村隧道工程贡献不大。

7.3.3 注浆前后地基承载力对比

驿马隧道基底加固利用轻型动力触探试验测出注浆前后地基承载力变化,如图 7-20 所示。

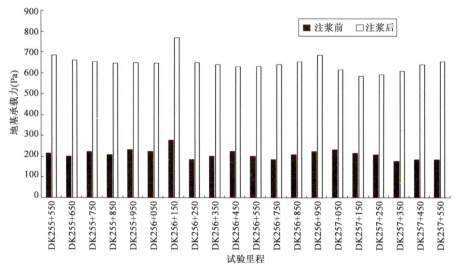

图 7-20 驿马隧道基底加固前后地基承载力对比

试验数据表明注浆前隧道仰拱下初期支护面 0.5~0.8m 多为软塑状黄土,该软弱层承载力较低。经注浆加固后,承载力普遍提升 2~3 倍。这表明在注浆后,浆脉能极大地提升土体强度,进而提升地基承载力,稳固了隧道基底。

7.3.4 注浆前后拱顶沉降变形对比

地表注浆会改变土体性质,进而改变围岩稳定性。注浆后不同区段土体性质变化不一,隧道产生的沉降、收敛变形也不均一。下面选取上阁村隧道典型断面,对比分析注浆加固段与非注浆段沉降、收敛变形的差别。

1) 上阁村隧道 DK210+030(未注浆区)

图 7-21~图 7-24 为上阁村隧道 DK210+030 断面变形观测结果。其中,DK210+030-GD00 为拱顶沉降量,DK210+030-SL01-02、DK210+030-SL03-04、DK210+030-SL05-06 分别为上台阶、中台阶、下台阶收敛形变量。

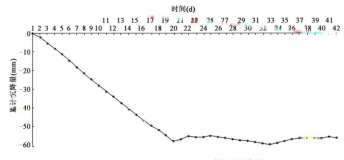

图 7-21　DK210+030-GD00 拱顶沉降量

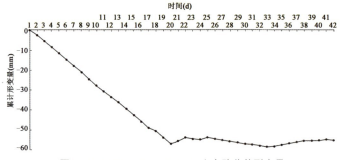

图 7-22　DK210+030-SL01-02 上台阶收敛形变量

DK210+030 拱顶在 42d 的监测时间里,累计沉降 55.6mm。前期沉降速度较快,转折点约在第 20d,之后开始发生回弹波动,最终稳定。前期沉降速率约为 3.05mm/d。DK210+030 上台阶在 42d 的监测时间里,累计形变 55.8mm。变形趋势与拱顶沉降趋势相近。DK210+030 中台阶在 27d 的监测时间里,累计形变 37.5m。变形速度转折点约在第 8d。前期变形速度约为 3.3mm/d,后期为 0.71mm/d。DK210+030 下台阶在 20d 的监测时间里,累计形变 21.4m。前期变形速度慢,为 0.76mm/d,转折点在第 14d,之后变形速度较快,为 1.77mm/d。

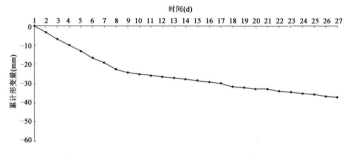

图 7-23 DK210+030-SL03-04 中台阶收敛形变量

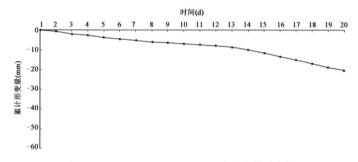

图 7-24 DK210+030-SL05-06 下台阶收敛形变量

DK210+030 段拱顶沉降与上台阶收敛变形的累计量差距不大,趋势也接近相同。下台阶累计沉降量最小,中台阶累计形变量则介于上台阶与下台阶之间。这说明隧道开挖后,变形主要集中在拱顶、上台阶、中台阶,下台阶的变形最小。而拱顶沉降、上台阶收敛变形速率与中台阶变形速率接近,但中台阶更快达到稳定状态。下台阶则前期小于拱底、上台阶、下台阶,后期大于拱底、上台阶、下台阶,也从侧面反映出变形主要在拱顶、上台阶,中台阶次之,下台阶最小。

2)上阁村隧道 DK208+880 段(注浆加固区)

图 7-25~图 7-28 所示为上阁村隧道 DK208+880 断面变形观测结果。其中 DK208+880-GD00 为拱顶沉降量,DK208+880-SL01-02、DK208+880-SL03-04、DK208+880-SL05-06 分别为上台阶、中台阶、下台阶收敛形变量。

DK208+880 拱顶在 24d 的监测时间里,累计沉降 44.7mm。且前期沉降速度较快,后期逐步稳定,转折点约在第 11d。前期沉降速率约为 3mm/d,后期沉降速率约为 0.27mm/d。

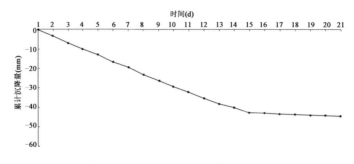

图 7-25　DK208+880-GD00 拱顶沉降量

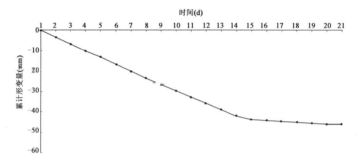

图 7-26　DK208+880-SL01-02 上台阶收敛形变量

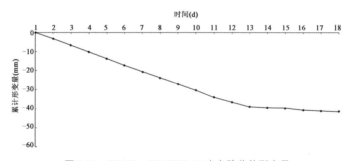

图 7-27　DK208+880-SL03-04 中台阶收敛形变量

DK208+880 上台阶在 24d 的监测时间里,累计形变 46.6mm。变形速率转折点大约在第 15d。前期变形速率约为 3.13mm/d,后期为 0.4mm/d。

DK208+880 中台阶在 19d 的监测时间里,累计形变 41.6m。变形速率转折点大约在第 13d。前期变形速率约为 3.22mm/d,后期为 0.4mm/d。

DK208+880 下台阶在 13d 的监测时间里,累计形变 22.8m。变形速率转折点大约在第 7d。前期变形速率约为 3.27mm/d,后期为 0.45mm/d。

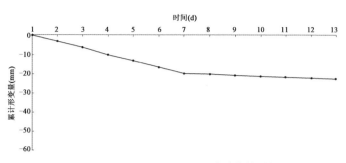

图 7-28　DK208+880-SL05-06 下台阶收敛形变量

DK208+880 段拱顶沉降与上台阶收敛变形的累计量在 24d 的累计监测中差距不大,而中台阶若按照后期 0.4mm/d 的形变量换算,则 24d 的中台阶累计形变量与拱顶、上台阶相近。下台阶累计变形量则明显小于拱顶、上台阶、中台阶。这说明隧道开挖后,变形主要集中在拱顶、上台阶、中台阶,下台阶的变形最小。拱顶、上台阶、中台阶、下台阶的变形速率在过程中差别不大,但达到稳定的时间有很大差别。拱顶、上台阶达到稳定的时间最长,中台阶次之,下台阶最快达到稳定状态。这也从侧面反映出变形主要在拱顶、上台阶,中台阶次之,下台阶最小。

第 8 章

软塑黄土隧道基底处理技术

软塑黄土隧道基底处理是施工中的重点薄弱环节,本章通过开展隧道基底浆固碎石桩加固技术和隧道基底袖阀管注浆技术的现场试验,对两种技术进行了分析,并提出优化措施。

8.1 隧道基底浆固碎石桩加固技术

8.1.1 浆固碎石桩加固措施

1) 浆固碎石桩施工工艺

浆固碎石桩是刘汉龙教授等研发的一种引入注浆技术形成的软土复合地基处理方法,成桩直径为500~800mm,桩长最大可达40m。它是利用钻机按设计直径,钻进至设计深度成孔,放入注浆管后,投放石料。在投放石料的过程中,用注浆管放水清洗钻孔。石料投放完成后进行注浆,固结成桩。浆液除在孔中注浆成桩外,也向周围土体渗透。浆固碎石桩加固基底的机理是浆液除在孔内与骨料固结成桩外,部分浆液会渗入土体,进而改善桩周天然土的性质,达到更好的复合效果。

浆固碎石桩施工工艺流程:

①施工准备。组织人员、设备、材料进场,进行施工技术与安全交底。根据设计要求和地质条件,进行试打桩,确定施工工艺参数。并确定施工方案或施工组织设计,分段、半幅隧道进行施工。

②场地平整。根据现场情况,将隧道基底场地进行平整,清除表面障碍物。

③定位放线。根据设计图,确定桩位轴线和桩位点,用 $\phi 12$ 钢筋插在桩位中心点上,并喷涂油漆做明显标记。桩位偏差小于 $\pm 2mm$。

④护筒埋设。护筒作用为保护孔口,隔离上部杂填松散物,是防止孔口塌陷的必要措施,也是控制定位,高程控制的基准点。护筒选用 $\phi 60cm$ 的钢制护筒,埋入深度以满足隔离杂填土,防止孔口塌陷为准,护筒外周间隙用黏土回填并捣实,以确保护筒稳定牢靠且防止混凝土回灌。

⑤桩机就位、钻进成孔。根据桩放样点位进行桩机就位,钻头中心对准桩位中心。钻机就位后应调整平稳,施工作业人员应从正面与侧面两个相互垂直方向采

用吊锥线或利用钻机平台用水平尺进行垂直检查,及时调整钻机的水平度,保证机具与平台垂直,并将钻杆对准桩位中心点。

⑥下注浆管。注浆管采用 DN25、长度 3~6m 的镀锌铁管,采用螺纹连接分段连接下放。安装注浆管前应清除管内杂物,防止堵塞,注浆管底部与孔底之间的距离应小于 30cm。

⑦投放碎石。粗骨料一般采用空隙率较大的 16~40cm 级配洁净碎石。用翻斗车装载投料,投料时,孔口放置投料漏斗,缓缓倒入孔内,连续投料,直至填满至桩顶高程以上 1m 为止。碎石投入量不应小于桩孔体积。

⑧压力注浆。水泥采用 P.O 42.5 普通硅酸盐水泥,砂为细砂。水泥砂浆的水灰比控制在 0.5~0.6,并适当使用碱水剂、粉煤灰等外加剂。施工前应做好水泥砂浆配合比试验。

⑨移机就位。一根桩施工完成后,转移钻机到下一桩位。桩机移机至下一桩位施工时,应根据轴线或周围桩的位置对需施工的桩位进行复核,保证桩位正确。分段区间内,完成半幅隧道基底软塑土加固后,转移至另外半幅隧道进行施工。

2)质量控制措施

通过施工参数来控制成桩质量,具体参数如下:

①放样时桩位偏差为 ±10cm。

②钻机就位钻杆垂直度 <1%。

③钻进泥浆相对密度:砂土 1.17~1.25,淤泥 1.20~1.25。

采用正循环施工,终孔时泥浆相对密度小于 1.15,孔底沉渣厚度小于 10cm;注浆前泥浆基本变清,相对密度在 1.05 左右。

④注浆管要求放置两根,两根导管与孔壁保持一定距离,出浆口距离孔底保持在 15~30cm 内;注浆压力可根据现场实际情况适当调节,一般控制在 0.3~0.7MPa 内。

⑤钻孔深度 ≥ 设计孔深 +30cm。

⑥钻孔结束到投石料时间 <30min。

⑦投石料粒径为 20~40mm。

⑧砂浆用砂粒径 <0.5mm。

⑨投石体积 > 孔内理论计算体积。

⑩上拔注浆管时孔口翻砂浆相对密度 > 配置砂浆相对密度 ×95%。

⑪上拔注浆管要求每 0.5~0.3m/min。

⑫孔口翻浆相对密度到达要求后持续注浆时间为 30s。

3)浆固碎石桩加固效果评价与监测

（1）监测内容

高速铁路隧道软基处理试验段的监测内容一般包括表面沉降、表面水平位移、土压力、孔隙水压力、地下水位等方面，根据浆固碎石桩软基处理的特点及驿马隧道试验路段实际，进行了以下项目的测试。

①土压力监测：了解复合地基中浆固碎石桩和桩间土上的荷载分担情况。

②表面沉降监测：了解在路堤荷载作用下浆固碎石桩和桩间土的沉降情况。

③孔隙水压力试验：了解在路堤荷载作用下路基土体孔隙水压力在浆固碎石桩加固区的变化情况。

（2）仪器的布置及埋设

表面沉降监测每断面布置4个表面沉降板，示范桩的桩顶布置1个，与其紧邻的桩间土上布置1个，另外2个布置在仰拱的桩间土上；在示范桩周边设置两个仪器孔，仪器孔内沿着深度，间隔2m布置一只竖向放置的土压力盒，共放置6个土压力盒；在仪器孔中间深度各放置1个孔压计，共计2个土压力盒，用于测量施工过程中孔压的变化。且在仰拱下不同位置放置3个土压力盒、桩顶放置一个土压力盒，用于测量不同位置的桩土应力比。桩位及仪器布设如图8-1所示。

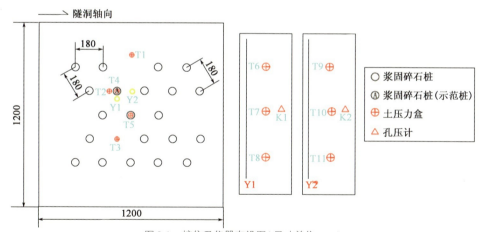

图8-1 桩位及仪器布设图(尺寸单位:mm)

①沉降板埋设。在观测点地面平铺200cm×200cm的土工布，内铺20cm厚的黄砂，整平压实，将沉降板平放在砂内，保证板面水平，并回填砂整平压实；再将套管垂直套进沉降板竖杆上。桩顶的沉降板可直接安置于浆固碎石桩的封顶混凝土上。

②孔隙水压力计埋设。孔隙水压力计采取1孔埋设1个孔压计的方法，埋设前要将透水石在水中煮1h小时以上，然后在水中装配好并浸入水中，以保证孔隙

水压力计中无气泡,埋设测头时,一定要按照设计的点位及深度进行埋设;埋设完成后,测读埋入后的测头频率,确认测头是否正常工作。

③土压力计埋设。首先按照观测设计图纸的位置,在土压力盒埋设地点挖30cm深的坑,并在其下铺设细砂,然后将土压力盒放置在细砂层上,再将细砂覆盖在土压力盒上并回填土,桩顶土压力盒可直接放置在封顶的素混凝土上,同时采用细砂覆盖。每一观测断面均开挖一条深50cm、宽30cm的沟槽,并将沟中的石块等坚硬物体捡除,松弛安放电缆,将所有观测电缆均引至路边观测房。埋设完毕后,应进行初次测试。

所有原位观测仪器在埋设前应进行标定,记录标定数据并绘制成曲线,埋设后应及时记录下埋设的位置及仪器的编号。

(3)数据处理

孔隙水压力、土压力处理:由各仪器的频率测值根据其对应的率定系数计算出每个元件的压力值,并绘制相应土压力、孔隙水压力随荷载的变化曲线图。

表面沉降数据处理:由表面沉降观测的结果绘制填土高度—时间—沉降关系曲线。

(4)加固效果分析

监测断面浆固碎石桩施工于2019年6月初结束,土压力盒、孔隙水压力计、原位观测仪同步埋设完成,路堤填筑前各监测仪器均取得了稳定的初始值,从数据分析可以看出,采用浆固碎石桩加固隧道基底对软塑黄土具有良好的基底加固效果。浆固碎石桩作为一种新型桩基,在黄土隧道软土地基加固方面有其特殊优点。

①加固效果好,质量可靠。

浆固碎石桩方案作为一种复合地基方案,可显著减少地基的总沉降和工后沉降,缩短工后沉降历时,限制软土的侧向变形,防止路基失稳,能较好地改善桥头跳车问题。

②处理深度大。

按目前的机械设备,浆固碎石桩的处理深度可达25m以上,地质条件的适应性强。

③施工效率高。

每根桩的加固面积很大且无须预压,大大提高了施工效率,缩短了施工工期,加快了工程进度。

④施工质量易于保证。

浆固碎石桩的质量监控措施可以参照灌注桩标准执行,可避免沉桩不到位等工程弊端。

⑤质量检测简单快捷。

可通过小应变检测桩身的完整性,通过高应变检测单桩的承载力,还可以人工开挖对桩的完整性进行直接观测,对于测试不合格的桩,可进行桩内补强。

⑥经济性优越。

可减少浆固碎石桩检测费用,而且因沉降土方及后期修补的费用均较其他方案低。

综合上述分析从造价、施工质量、检测方法、加固效果等方面看,选择浆固碎石桩作为黄土隧道深厚软基的加固方案在技术上是可行的、经济上是合理的。

8.1.2 浆固碎石桩施工机械改良

1)机械改良

针对隧道内施工环境,需对浆固碎石桩施工机械进行改良,包括钻孔系统、注浆系统、行走控制室和履带系统。

钻孔系统包括卷扬机、主机、施工机架、钻杆和电机系统,卷扬机与施工机架连接,施工机架上连接有钻杆,钻杆的外表面设置有薄壁钢套管。其中,注浆系统包括注浆压力系统、输送软管和浆液存储系统。其中,浆液存储系统与注浆压力系统连接,注浆压力系统连接有输送软管。施工机架包括呈倾斜状的滑动槽,滑动槽的上端连接有液压马达,液压马达的输出端和滑动槽的下端之间缠绕有传动链条,传动链条上设有滑动块,滑动块安装在滑动槽内,卷扬机安装在滑动块上,其输出端连接钻杆,钻杆与滑动槽平行,钻杆为分段式钻杆,其通过公母卡扣进行分段连接。履带系统包括履带和底盘,底盘的上表面连接有回转装置,其上表面连接有矩形底板,钻孔系统、注浆系统和行走控制室均安装在矩形底板的上表面,矩形底板下表面的四个边角处均连接具有收缩和打开功能的角支撑,薄壁钢套管的外径为300~600mm,厚度为1~5mm。浆固碎石桩施工机械改良后结构组成如图8-2所示。

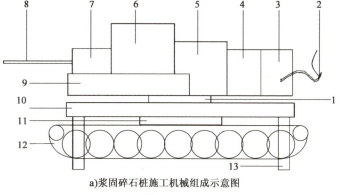

a)浆固碎石桩施工机械组成示意图

图 8-2

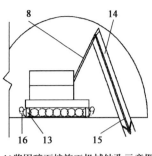 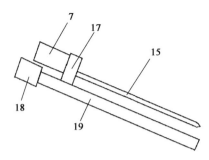

b)浆固碎石桩施工机械钻孔示意图　　　c)卷扬机、施工机架和钻杆连接示意图

图8-2 浆固碎石施工机械结构组成

1-回转装置;2-输送软管;3-注浆压力系统;4-浆液存储系统;5-行走控制室;6-电机系统;7-卷扬机;8-施工机架;9-主机;10-矩形底板;11-底盘;12-履带;13-角支撑;14-薄壁钢套管;15-钻杆;16-走行系统;17-滑动块;18-液压马达;19-滑动槽

2）使用步骤

①施工定位:施工机械前进至设计位置,将每个所述角支撑打开,支撑到地面,在设计位置进行放样,并予以复核、定位。

②钻孔施工:复核无误后,使用钻杆进行机械钻孔,钻孔时慢挡钻进,保证钻孔倾斜角不变,最大偏差不超过 1% 。

③连接施工:第 N 段钻杆钻进后,用公母卡扣将第 $N+1$ 段钻杆与第 N 段钻杆连接,并将第 $N+1$ 段薄壁钢套管与第 N 段薄壁钢套管焊接成一个整体,N 为自然数。焊接完成后,继续钻进施工,直至钻孔深度达到设计要求。

④投放碎石:将钻杆提出来并进行拆解,薄壁钢套管留在孔中,形成套管护壁,防止塌孔。将注浆管正对钻孔中央,并下放到钻孔内部。下放过程中,将若干注浆管焊接在一起形成分段式注浆管,注浆管为多孔钢管。注浆管到达钻孔底部后,使用碎石填满注浆管和薄壁钢套管之间的空隙。

⑤注浆施工:将输送软管与注浆管连接。注浆压力系统将浆液存储系统(4)中的水泥浆液通过输送软管与注浆管注入碎石体中。

⑥完成施工:注浆完成后,将输送软管与注浆管断开,注浆管留在浆固碎石桩内作为劲芯加筋体,履带带动施工机械进行位置移动,进行下一根桩的施工。

机械将钻孔施工机械与注浆机械一体化,克服了隧道内限高和空间不足的困难,解决了现有技术中一次性钻孔及成桩困难的问题,同时避免了倾斜向成桩过程中易塌孔的问题,进一步提高了浆固碎石桩的抗剪能力。

8.1.3 浆固碎石桩加固处理效果分析

1)浆固碎石桩施工影响分析

(1)注浆过程中土体应力变化

通过在示范桩的间距 1D、2D(D 为示范桩直径)处分别埋设上述竖向土压力盒和孔隙水压力计用于监测浆固碎石桩施工过程中的土体数据变化,进而研究浆固碎石桩技术对黄土塬区高铁隧道基底软塑土的加固。

浆固碎石桩施工过程中不同间距土体径向应力增量如图 8-3 所示。

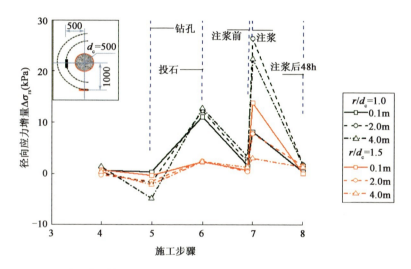

图 8-3 浆固碎石桩施工过程中不同间距土体径向应力增量图(尺寸单位:mm)

由图 8-3 可以看出:在开挖钻孔完成以后,土体径向应力增量为负,说明开挖钻孔过程中会出现土体应力释放的现象,距离示范桩 1D 处沿深度应力分别降低 1.7kPa、2.2kPa 和 4.8kPa,距离示范桩 2D 处沿深度应力分别降低 0.2kPa、2.3kPa 和 2.2kPa;在开挖过程中土体会出现应力释放现象,且距离开挖桩越近,其应力释放越明显,且随深度增加,因此在黄土塬区开挖钻孔时桩间距不可设置过小;投石完成以后,距离示范桩 1D 间距处,径向应力增加约 10kPa,距离示范桩 2D 间距处,径向应力增加较小,说明浆固碎石桩在投石施工过程中,能够起到挤密土体的作用,且距离桩位越近其挤密的程度越明显;投石后在注浆前由于施工连续性静置了 24h 后,土体径向应力增量在逐渐降低,有效应力在不断消散。但是当注浆完成以后,土体的径向应力增量较大,距离示范桩 1D 处分别增加 8.1kPa、26.4kPa

和 22.3kPa，距离示范桩 2D 处分别增加 13.8kPa、7.8kPa 和 2.9kPa，整体径向应力增量较大，浆液除了可以胶凝散体材料使之成为完整的桩体增加土体的侧向摩擦力，还能够在注浆过程中对土体有较强的径向挤密压力，起到挤密土体的作用。

根据地质条件、注浆压力、浆液对土壤的作用机理、浆液的运动形式和交替方式，静态注浆一般可分为充填注浆、渗透注浆、压实注浆和劈裂注浆。其中，充填灌浆理论一般应用于大溶洞、构造破碎带或岩石裂隙缝等的灌浆，而压实灌浆则是注入很厚的泥浆，形成泥浆气泡，压实周围土壤，使土壤产生塑性变形，但不要造成劈裂破坏。

从碎石桩的施工工艺可以看出，注浆工艺采用拔管与注浆同时进行的方法。泥浆首先被填充和钻孔，然后以柱状扩散到桩周围的土壤中。因此，圆柱扩张理论是适用的。

浆固碎石桩渗透灌浆和桩周土壤压密灌浆机理分别如图 8-4、图 8-5 所示。由图可知浆固碎石桩在处理隧道基底时，注浆具有两个作用，一是能够渗透进碎石桩内形成浆固碎石桩桩体，二是能够对桩周黄土产生挤密作用。注浆完成后，桩周土体存在着弹性区域和塑性区域。

通过理论推导公式计算后可得到如图 8-6 所示的曲线，实测数据在理论曲线上。

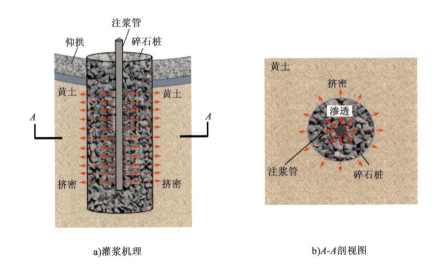

a) 灌浆机理   b) A-A 剖视图

图 8-4　浆固碎石桩渗透灌浆机理示意图

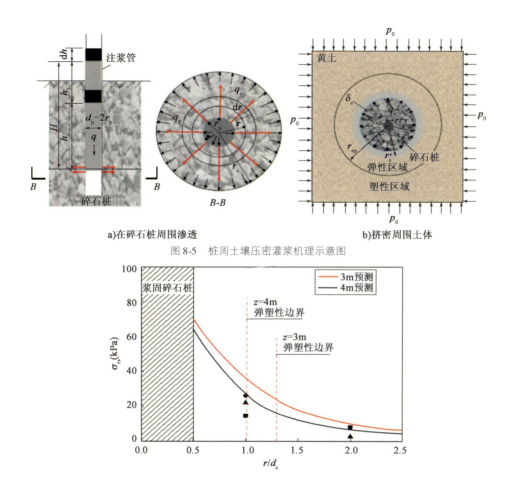

图8-5 桩周土壤压密灌浆机理示意图

图8-6 浆固碎石桩径向应力增量与距离关系

(2) 注浆过程中土体孔隙水压力变化

浆固碎石桩加固技术现场试验在仪器孔内亦埋设了孔隙水压力计,深度为2m,用以监测浆固碎石桩在加固基底过程中土体孔隙水压力的变化,如图8-7所示。在示范桩钻孔完成以后,距离示范桩 $1D$ 和 $2D$ 处孔隙水压力增量值分别为 -2.1kPa 和 -1.5kPa,说明钻孔完成以后,土体的超孔隙水压力在消散,且距离示范桩越近孔隙水压力消散得越快。浆固碎石桩投石施工时,孔隙水压力也在有较大的增加,距离示范桩 $1D$ 和 $2D$ 处孔隙水压力增量分别为 6.5kPa 和 1.2kPa,说明投石施工也会产生超孔隙水压力,且随着距离越近影响越大,与图8-6有着相同的结论。在黄土塬区隧道基底采用浆固碎石桩施工过程中,注浆施工引起的周围土体孔隙水压力计的增加值距离示范桩 $1D$ 和 $2D$ 处增加值分别为 13.1kPa 和

4.1kPa,说明注浆能够引起示范桩周围土体超孔隙水压力的产生大,对于浆固碎石桩周围土体有较为明显的挤密作用。

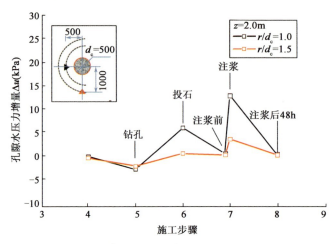

图 8-7 浆固碎石桩施工中土体孔隙水压力增量图(尺寸单位:mm)

通过对浆固碎石桩周围土体的监测发现,距离浆固碎石桩 $1D$ 处的土体径向应力增加约为 18.9kPa,孔隙水压力增量约为 13.1kPa;距离浆固碎石桩 $2D$ 处的土体径向应力增量约为 8.1kPa,孔隙水压力增量约为 4.1kPa。土体应力增量随深度增加而增大。

2)承载力计算

假设软塑层以下为硬塑层时,以浆固碎石桩 $\phi500$mm 梅花形 $2m \times 2m$(纵向×环向)布置为计算对象,不考虑下伏层沉降,单桩复合地基承载力计算结果见表 8-1。

单桩复合地基承载力计算结果 表 8-1

软塑层厚度 (m)	桩端进入硬塑层 长度(m)	桩长 (m)	单桩承载力标准值 (kPa)	复合地基承载力 f_{spk} (kPa)	复合地基沉降量 s (mm)
1	2.5	3.5	432.10	181.35	0.83
2	2.5	4.5	494.90	190.43	0.48
3	2.0	5.0	490.19	189.75	0.28
4	1.5	5.5	485.48	189.07	0.17
4	2.0	6.0	552.99	198.83	0.15
5	1.5	6.5	548.28	198.15	0.09

续上表

软塑层厚度（m）	桩端进入硬塑层长度（m）	桩长（m）	单桩承载力标准值（kPa）	复合地基承载力 f_{spk}（kPa）	复合地基沉降量 s（mm）
6	1.0	7.0	543.57	197.47	0.06
7	1.0	8.0	606.37	206.55	0.04
8	0.5	8.5	601.66	205.87	0.02
9	0.5	9.5	664.46	214.95	0.01

软塑层厚度≤2m时桩端进入硬塑层2.5m；软塑层为3~5m时桩段进入硬塑层1.5~2m；软塑层6~7m时桩端进入硬塑层1m；软塑层大于8m时桩端进入硬塑层0.5m。

假设软塑层以下无限软塑层时（以20m深为例），以浆固碎石桩φ500mm梅花形2m×2m（纵向×环向）布置为计算对象，复合地基承载力计算结果见表8-2。

复合地基承载力计算结果　　　　　　　　　　　　表8-2

桩长（m）	单桩承载力标准值（kPa）	复合地基承载力 f_{spk}（kPa）	复合地基沉降量 s（mm）
7	460.77	185.49	1.06
8	523.57	194.57	1.01
9	586.37	203.66	0.96
10	649.17	212.74	0.92
11	711.97	221.82	0.88
12	774.77	230.90	0.85
13	837.57	239.98	0.82
14	900.37	249.06	0.79
15	963.17	258.15	0.76
16	1025.97	267.23	0.73
17	1088.77	276.31	0.71
18	1151.57	285.39	0.69
19	1214.37	294.47	0.67
20	1277.17	303.56	0.65

根据地勘报告可得开挖隧道以下的部分均为软塑黏质黄土,桩全部进入软塑土,桩进入硬塑土的深度为0,衬砌断面如图8-8所示,计算桩长的变化范围为7～20m。

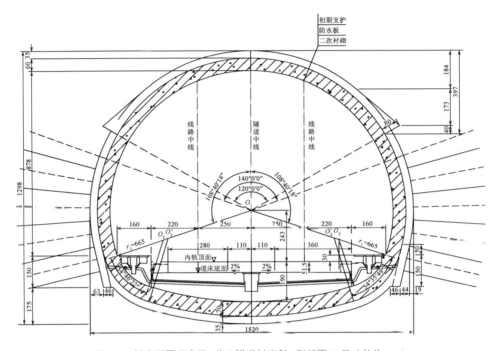

图8-8 衬砌断面示意图(黄土隧道衬砌Ve型断面)(尺寸单位:cm)

(1)计算依据

按照《建筑地基基础设计规范》(GB 50007—2011)中公式:

$$p_z + p_{cz} \leqslant f_{az} \tag{8-1}$$

$$p_z = \frac{b(p_k - p_c)}{b + 2z\tan\theta}$$

式中:p_z——软弱下伏层顶面处的附加压力(kPa);

p_k——隧道结构及设备自重+竖向围岩压力(kPa);

p_{cz}——软弱下伏层顶面处土的自重压力(kPa);

f_{az}——软弱下伏层顶面处经深度修正后的地基承载力特征值(kPa),按深度修正公式计算:$f_{az} = f_{ak} + \eta_d \gamma_m (d - 0.5)$,$\gamma_m$按有效重度计算。

(2)计算结果

不同硬塑层厚度情况下计算结果见表8-3。

不同硬塑层厚度情况下计算结果　　　　　　表 8-3

硬塑层厚度 (m)	p_z (kPa)	p_{cz} (kPa)	软弱层顶面总压力 (kPa)	f_{az} (kPa)
3	131.35	30	161.35	745
4	123.56	40	163.56	755
5	115.28	50	165.28	765
6	106.81	60	166.81	775
7	98.35	70	168.35	785
7.5	94.19	75	169.19	790
8	91.95	80	171.95	795
9	87.77	90	177.77	805

综上可得：硬塑层厚度≥3m，可不对地基进行处理；否则，应采取在浆固碎石桩加固技术。

3）数值模拟验证

以付家窑黄土隧道工程为实测模型验证，该隧道是甘肃省第一条三车道黄土特大断面隧道，隧道选址内有较厚湿陷性黄土（0～20m）。为处理隧道基底黄土的湿陷性，控制隧道的沉降，隧道基底采用旋喷桩加固处理。

付家窑黄土隧道采用旋喷桩加固处理后，路面中线沉降实测值与验证模型对比如图 8-9 所示。由图可知，验证模型沉降值与现场实测值变化规律相似，沉降速度先快后慢，逐渐趋缓。验证模型沉降最大值约为 11mm，现场实测值约为 13mm，数据较为接近。因此采取浆固碎石桩加固软塑黄土基底模型是正确的。

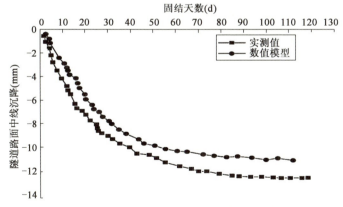

图 8-9　付家窑黄土隧道路面中线沉降实测值与验证模型对比

(1) 数值模拟工况

通过对仰拱施加静荷载和动荷载,研究复合地基在不同静荷载下的仰拱沉降及土体位移变化,得出复合地基的 $Q\text{-}s$ 曲线与极限承载力。在动荷载下研究不同的加载幅度(列车重量)、加载频率(列车速度)、加载时间(列车运行时间)对土体振动速度的影响及变化关系。浆固碎石桩荷载模拟工况见表8-4。

浆固碎石桩荷载模拟工况表　　　　　表8-4

标　号	加载幅度 (kN)	加载频率 (Hz)	运行时间 (s)
A1-A13	20、25、30、35、70、105、140、175、210、245、280、315、350	0	—
B1-B4	20、25、30、35	15	0.062
C1-C4	30	5、10、15、20	0.062
D1-D4	30	15	0.013、0.042、0.062

数值模拟的过程主要通过以下步骤进行模拟。

① 根据现场参数及设计参数建立数值模型。

② 地应力平衡:运用数值模拟软件中特有的地应力平衡阶段(K_0)。

③ 开挖隧道:冻结隧道内土体同时设置条件为无水分的影响,且"激活"隧道衬砌。

④ 基底加固:"激活"碎石桩。

⑤ 施加静荷载:基于不同的工况,"激活"对应的静荷载。

⑥ 施加动荷载:基于不同的工况,"激活"对应的动荷载。

图8-10 所示为动荷载简谐波形图。

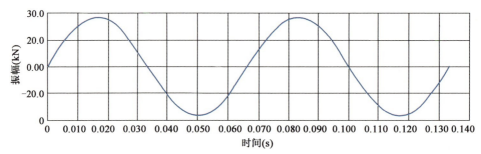

图8-10　动荷载简谐波形图

(2) 静荷载下地基承载力计算与分析

① 浆固碎石桩加固基底前/后的沉降分析

为简化数值计算的过程,将隧道的开挖和衬砌设定在同一步完成的,在开挖过程中冻结隧道内的土体,同时设置隧道内水力条件为无水分的影响,这可以模拟隧道内开挖的情况。接着即可"激活"隧道衬砌板单元,完成隧道开挖和衬砌施工。第二步进行隧道基底软塑黄土的加固,"激活"浆固碎石桩,完成隧道软塑基底的施工模拟。

浆固碎石桩技术加固隧道基底前后位移等值线如图8-11所示。

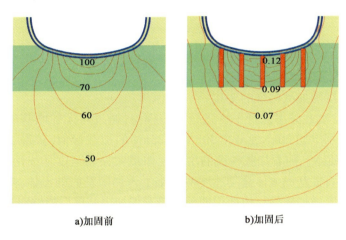

a)加固前　　　　　　　　b)加固后

图8-11　浆固碎石桩技术加固隧道基底前后位移等值线图(单位:mm)

由图8-11可知,隧道开挖衬砌以后隧道仰拱下土体竖向变形成椭圆形分布,其中沉降数值沿深度降低而降低,在隧道基底处沉降最大,约为100mm。采用浆固碎石桩技术加固隧道基底后,隧道仰拱下的土体沉降减小,仅在隧道仰拱最低点下发生较小的沉降,其余地方的沉降约为0,在仰拱下的沉降最大值约为0.12mm。加固效果明显。

②浆固碎石桩加固基底受荷后的位移场分析

当采用浆固碎石桩技术加固隧道基底后,对隧道仰拱施加不同的静荷载时,观察隧道基底的沉降位移等值线图(图8-12)。由图可知,沉降位移等值线沿深度围绕隧道基底呈椭圆形不断减小,在隧道仰拱中心点下的土体沉降最大,分别在荷载20kN下最大沉降值为0.72mm,在荷载25kN下最大沉降值为0.90mm,在荷载30kN下最大沉降值为1.10mm,在荷载35kN下最大沉降值为1.50mm。随着施加在隧道仰拱上的荷载越大,则隧道基底沉降值越大。但是在浆固碎石桩加固隧道基底以后,沉降减小为未加固前的1/10,沉降值是在设计范围以内。说明采用浆固碎石桩技术处理加固高铁隧道基底软塑黄土具有较好的加固效果。

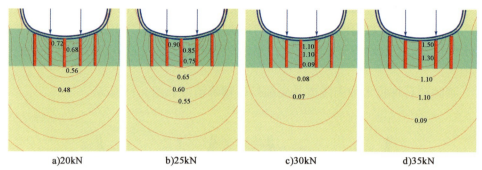

图 8-12 不同静荷载下浆固碎石桩基底位移等值线图(单位:mm)

(3)动荷载下基底加固效果分析

①振动速度随加载幅度的变化

针对15Hz加载频率保持不变进行数值模拟,通过对无加固基底和浆固碎石桩加固基底分别施加20kN、25kN、30kN和35kN的加载幅值,获得不同的振动速度,如图8-13所示。随着加载幅度的增加土体最大振动速度呈线性增加,在相同条件下浆固碎石桩基底土体振动速度明显小于未加固基底的土体,随着加载幅值的增大振动速度增加较慢。由此说明浆固碎石桩加固基底后能够明显减弱列车荷载对土体振动速度的影响。

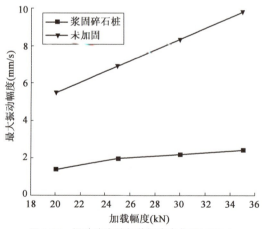

图 8-13 振动速度随加载幅度变化图(15Hz)

②振动速度随加载频率的变化

将30kN加载幅值保持不变,通过对无加固基底和浆固碎石桩加固基底分别施加5Hz、10Hz、15Hz和20Hz的加载频率,获得不同的土体最大振动速度,如图8-14所示。随着加载频率的增加土体最大振动速度呈线性增加,在相同条件下浆固碎石桩加固基底土体振动速度明显小于未加固基底的土体,随着加载频率的增大振动速度增加较缓。由此说明浆固碎石桩加固基底后能够明显减弱列车荷载对土体振动速度的影响。

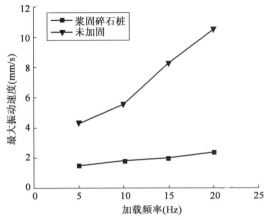

图 8-14　振动速度随加载频率变化图(30kN)

③振动速度随加载时间的变化

将 30kN、15Hz 加载条件保持不变,通过对无加固基底和浆固碎石桩加固基底分别施加 0.013s、0.042s、0.062s 的加载时间,获得不同的土体最大振动速度。如图 8-15 所示。随着加载时间的增加,土体最大振动速度呈线性增加,浆固在相同条件下浆固碎石桩加固基底土体振动速度明显小于未加固基底的土体,随着加载时间的增大振动速度增加变缓。由此说明浆固碎石桩加固基底后能够明显减弱列车荷载对土体振动速度的影响。

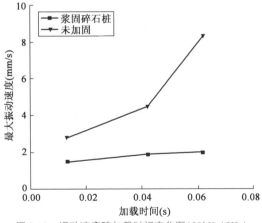

图 8-15　振动速度随加载时间变化图(30kN、15Hz)

8.2 隧道基底袖阀管注浆技术

8.2.1 袖阀管注浆加固措施

袖阀管注浆技术是在劈裂注浆基础上的创新,其土体加固的机理是耦合效应的结果。劈裂注浆是利用花管和单向阀管向软土注浆的一种高压注浆方法。袖阀管注浆加固的一般流程为:首先浆液通过袖阀管上的小孔进入土体中,此时压力较小,难以对土体产生劈裂的作用,以对土体的挤压为主;当对土体挤压形成一定压强后,土体就会被挤压开裂,形成劈裂效果。由于黄土地基具有颗粒小、孔隙小且密、遇水湿陷性等黄土的特性,特别是在处理隧道基底处软塑黄土的过程,往往需要简单、易行、空间占用小、造价低的软基处理手段。袖阀管注浆就是一种可以通过前期预埋套管、后期错峰施工,且加固效果较好、造价低廉的软基处理手段。

1)袖阀管注浆施工步骤

袖阀管注浆技术加固黄土塬区高铁隧道基底软塑黄土的施工步骤主要有初期支护、预埋套管、仰拱及填充面浇筑、钻机钻孔、压管、注浆、封孔处理。

①初期支护:黄土塬区隧道一般采用工字钢喷混支护,以达到隧道安全性和稳定性的效果。

②预埋套管:待本段仰拱填充施工完并达到强度要求后,进行通过预留套管,采用 $\phi 50mm$ 塑料袖阀管,对基底进行袖阀管垂直注浆加固。注浆孔通过预留套管进行布设,加固范围:横向为仰拱开挖宽度,竖向为仰拱底以下4.5m。

③仰拱及填充面浇筑:预埋套管完成以后即可进行仰拱和填充面的浇筑,在浇筑过程中,需保护套管上口封闭,避免混凝土落入套管内,增加后期钻孔的难度。

④钻机钻孔:袖阀管注浆应滞后拱墙二次衬砌40~60m施作。待仰拱面及填充面浇筑完成,场地整平后,钻机进场在预留套管内进行钻孔,钻至设计深度。

⑤压管:钻孔完成以后即可进行塑料袖阀管的压入,可辅助钻机进行压入,压入后需要进行封孔处理以及套壳料。袖阀管施作完成后,利用套壳料注入管,将袖阀管进行套壳料封堵,套壳料的配合比根据现场试验情况确定,能够起到封堵袖阀管的作用。

⑥注浆:止浆塞通过手压泵加压至2MPa时,注浆前需要进行封孔处理,并检测达到可注浆要求后方可进行注浆工作。注浆材料为 P.O 42.5 普通水泥单液浆+HPC外加剂,外加剂掺量15%~20%,浆液水灰比为0.8∶1。

⑦封孔处理:注浆结束后及时对钢管内浮浆及虚渣清除,并灌注微膨胀注浆结合料充填密实。

2) 袖阀管注浆施工注意事项

①仰拱施工时预留 $\phi 133mm$ 套管至仰拱填充面以下50cm(袖阀管注浆需紧跟仰拱开挖施工,其施工周期较长,不利于初期支护及时封闭成环,风险较大,固在仰拱及填充层预留 $\phi 133mm$ 套管)。

②待本段仰拱填充施工完成并达到强度要求后,进行基底软塑段袖阀管注浆加固,横向加固范围为仰拱开挖宽度,竖直方向仰拱底以下 4~18m(图 8-16)。注浆孔按 1.5m×1.5m 等边三角形布置,浆液扩散半径为0.9m(图 8-17),注浆压力1.5~2MPa。采用 $\phi 76mm$ 刚性袖阀管垂直注浆,采用后退式分段注浆工艺,分段长度 1~1.5m,对隧底加固区进行注浆。

③注浆结束后需在预留钢管顶端采用5mm厚的钢板满焊连接予以封闭,待填充面上层混凝土浇筑时做特殊防水处理。

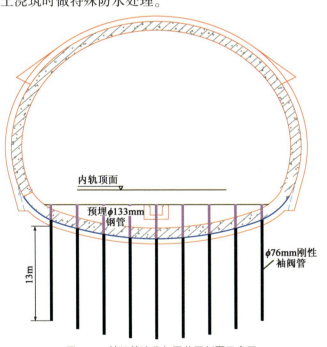

图 8-16 袖阀管注浆加固范围剖面示意图

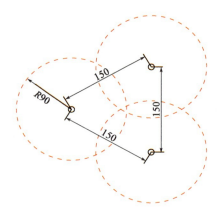

图 8-17 注浆加固扩散范围示意图(尺寸单位:cm)

④工期分析。采用 2 台地质钻机,分左右幅同时施工。按 36m 仰拱地段袖阀管注浆施工,每 36m 仰拱预计施工时间 12～14d,根据现场衬砌实际进度指标 12m/4d,注浆进度基本能紧跟二次衬砌进度。

8.2.2 注浆加固处理效果分析

袖阀管注浆技术远晚于注浆技术的形成,但是由于其具有较为广泛的适用性,能够在土体中形成持续的高压劈裂注浆,形成脉状浆液凝固,且其造价低廉,在实际工程中获得了大量的运用。本节主要分析袖阀管注浆技术在处理高铁隧道基底软塑黄土的过程中注浆对周围土体的影响。

1)取芯对比效果分析

驿马隧道采用袖阀管注浆技术加固基底软塑黄土后,为更加直观地观测加固效果及对注浆加固效果进行检验,在现场通过取芯验证、检查孔辅助孔内成像法、压水试验等方法进行检测。

(1)取芯验证

如图 8-18a)所示,在未注浆以前,取出的芯样含水率较高,土体强度较低且不易成形,具有明显的软塑黄土的特征。如图 8-18b)所示,采用袖阀管注浆技术加固隧道基底软塑黄土以后,取出的芯样较干,土体含水率有明显的下降,且在芯样中存有一定量的水泥浆液,说明袖阀管注浆劈裂性较好,可以较大范围地加固隧道基底的软塑黄土。如图 8-18c)所示,注浆后的软塑黄土芯样横断面有挤密的现象,袖阀管注浆以后土体的强度也在有明显增加。

a) 1号芯样

b) 2号芯样断面

c) 2号芯样纵面

图 8-18　袖阀管注浆技术现场取芯实物

（2）注浆后取芯孔与注浆前钻孔出水情况对比

在注浆前后取芯孔内静止 3h 后，渗水试验现场情况如图 8-19 所示。

a) 注浆前孔内出水情况

b) 注浆后检查孔内无明水

图 8-19　取芯孔渗水试验现场情况

由图 8-19a）可知，注浆前钻孔内很快可以渗出大量的地下水，说明地下水位较高，土体渗透率较高，且注浆前钻出的孔身有明显变形，土体的强度较低，含水率高，需要进行一定的加固施工。采取袖阀管注浆，然后在对称位置钻出检查孔，静止 3h 再进行检查,如图 8-19b)所示,检查孔内无明水,说明此时土体的渗透率已经降低较多,孔身保持直立不变形,土体强度也有较好的增加,较好地实现加固软塑黄土的作用。

(3)芯样含水率对比

为验证袖阀管注浆技术对隧道基底含水率的改变,并量化含水率的减少和土体强度的提高,分别于注浆前后在隧道相同标段取芯样测定含水率。

袖阀管注浆前后芯样含水率实测值见表 8-5。

袖阀管注浆前后芯样含水率实测值 表 8-5

序号	取样里程段	注浆前含水率(%)	注浆后含水率(%)
1	DK257+600	27.5	19.6
2	DK257+620	27.8	19.7
3	DK257+640	29.6	19.8
4	DK257+660	31.4	24.3
5	DK257+680	32.3	22.5
6	DK257+700	34.1	18.6
7	平均含水率	30.6	20.6

由表 8-5 可知,分别间隔 20m 取芯样检测含水率,测得的注浆前隧道基底土体含水率为 27%~34%,平均含水率为 30.6%;注浆完成以后检验芯样含水率为 17%~24%,平均含水率为 20.6%,平均含水率整体降低了 10%。注浆后的芯样无侧限强度实测值见表 8-6。

注浆后芯样无侧限强度实测值 表 8-6

序号	取样里程段	取样深度(m)(基准面为仰拱下初期支护面)	无侧限抗压强度(MPa)
1	DK257+600	0~1	0.52
2	DK257+620	1~1.5	0.54
3	DK257+640	1.5~2.0	0.42
4	DK257+660	2.5~3.0	0.38
5	DK257+680	3.0~3.5	0.36
6	DK257+700	3.5~4.0	0.44

由表 8-6 可知,注浆以后芯样的无侧限抗压强度也得到了明显的增加,进而提高了地基承载力。

通过上述分析可以看出,袖阀管注浆技术加固黄土塬区隧道基底软塑黄土能够取得较好的加固效果。

2）注浆间距影响分析

采用袖阀管注浆技术不同间距下注浆应力增量如图8-20所示。由图可知，试验袖阀管注浆孔分别与1号、2号、3号和4号钻孔距离分别为6.03m、7.48m、3.98m和1.30m。袖阀管注浆时，袖阀管注浆孔与距离钻孔越近，其受到的影响越大且影响存在一定的范围。此试验中注浆压力采用的是1.5MPa，4号钻孔注浆时，在半径1.30m的区域土体应力平均增加约为100kPa；在3号钻孔注浆时，距离3.98m处土体应力平均增加约为50kPa；在1号钻孔注浆时距离6.03m处时，土体应力平均增加约为10kPa。袖阀管注浆技术在软塑黄土中加固时，能够很好地对周围土体有挤密加强的效果，距离越近挤密效果就越好，但最远影响范围约为6m处。

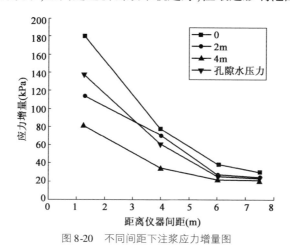

图8-20　不同间距下注浆应力增量图

3）注浆深度影响分析

袖阀管注浆技术是在竖直向注浆，浆液同时向周围土体形成劈裂，然后浆液挤入形成浆脉，因此需要在深度上进行袖阀管注浆技术的研究。

袖阀管注浆的4个钻孔分别在0、2m和4m深度处，侧向土压力盒测定钻孔前、钻孔后、注浆后所对应的应力增量如图8-21所示。由图可知：

①采用袖阀管注浆时，在钻孔开挖后，随着深度的增加，应力增量也在缓慢增加，其主要原因是袖阀管注浆孔径较小，不会影响周围土体的应力释放，反而由于钻机钻进过程中对周围土体扰动较大，使得应力增量有一定的提高，因此表现出应力增量为正。

②当袖阀管注浆完成以后，袖阀管注浆周围土体应力增量有较大的增加，持续的注浆压力使得土体产生劈裂作用进行浆液进入；其应力增量沿着深度的增

加而降低,这可能是由于仰拱下软塑黄土在开挖时受到扰动,产生部分裂隙,应力增加较大。

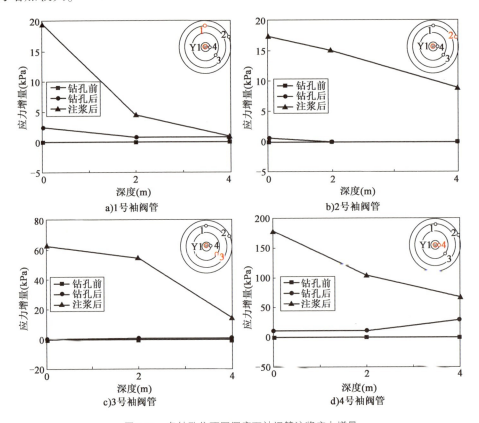

图 8-21 各钻孔位不同深度下袖阀管注浆应力增量

上述结果表明:袖阀管注浆技术能够很好地挤密周围土体,平均降低土体含水率约为10%。采用袖阀管注浆时,在半径1.30m的注浆区域土体应力增量分别约为100kPa,在半径3.98m处土体应力增量约为50kPa,在径向上,距离越近挤密效果越佳,但最大范围约为6m。在深度方向上,对周围土体应力增量随着深度的增加而降低。

8.2.3 数值模拟验证与计算

采用PLAXIS软件对袖阀管注浆技术进行模拟,并与浆固碎石桩加固技术对比分析,通过施加静荷载和动荷载研究荷载下的隧道仰拱沉降变形与土体振动速度场。

(1)静荷载下地基承载力计算与分析

①袖阀管注浆加固基底前后的沉降对比分析

袖阀管注浆加固隧道基底前后位移等值线如图8-22所示。由图可知,隧道仰拱下土体竖向变形成椭圆形分布,其中沉降数值沿深度降低而减小,在隧道基底处沉降值最大,约为100mm。当采用袖阀管注浆加固隧道基底后,隧道仰拱下的土体沉降值减小,仅在隧道仰拱最低点下发生较小的沉降,位移等值线在袖阀管加固区较密集,其余地方的沉降值约为0,在仰拱下的沉降最大值约为0.18mm。表明袖阀管注浆加固效果优良。

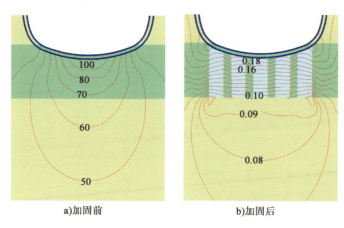

图8-22 袖阀管注浆加固隧道基底前后位移等值线图(单位:mm)

②袖阀管注浆加固后基底受荷后的位移场分析

不同静荷载下袖阀管注浆加固隧道基底位移等值线如图8-23所示。

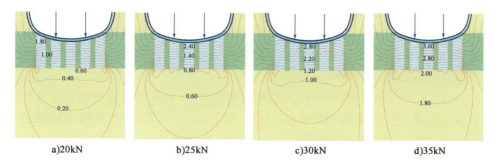

图8-23 不同静荷载下袖阀管注浆加固隧道基底位移等值线图

由图8-24可知,对隧道仰拱施加不同的静荷载时,沉降位移等值线沿深度围绕隧道基底呈椭圆形不断减小,在隧道基底处仰拱中心点下的土体沉降最大,分别在荷载20kN下最大沉降值为1.80mm,在荷载25kN下最大沉降值为2.40mm,在荷载30kN下最大沉降值为2.80mm,在荷载35kN下最大沉降值为3.60mm。随着施加在隧道仰拱上的荷载越大,则隧道基底沉降值越大,但是随着静荷载的增大,沉降速度在不断增大。

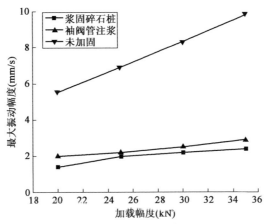

图8-24 振动速度随加载幅度变化图(15Hz)

(2)动荷载下基底加固效果分析

①振动速度随加载幅度的变化

将15Hz加载频率保持不变,通过对无加固基底、袖阀管注浆加固基底及浆固碎石桩加固基底分别施加20kN、25kN、30kN和35kN的加载幅值,获得不同的振动速度,如图8-24所示。随着加载幅度的增加土体最大振动速度呈线性增加,在相同条件下袖阀管注浆加固基底土体振动速度明显小于未加固的土体,随着加载幅值的增大振动速度增加较慢。由此说明袖阀管注浆加固基底能够明显减弱列车荷载对土体振动速度的影响。此外,在相同的加载条件下,浆固碎石桩加固基底振动速度值小于袖阀管注浆加固基底,说明浆固碎石桩加固效果优于袖阀管注浆技术。

②振动速度随加载频率的变化

将30kN加载幅值保持不变,通过对无加固基底、袖阀管注浆加固基底及浆固碎石桩加固基底分别施加5Hz、10Hz、15Hz和20Hz的加载频率,获得不同的最大振动速度,如图8-25所示。随着加载频率的增加土体最大振动速度呈线性增加,在相同条件下袖阀管注浆加固基底土体振动速度明显小于未加固的土体,随着加载频率的增大振动速度增加较缓。由此说明袖阀管加固基底能够明显减弱列车荷载对土体振动速度的影响。在相同的加载条件下,浆固碎石桩加固基底振动速度值小于袖阀管注浆加固后基底,表明浆固碎石桩加固效果优于袖阀管注浆技术。

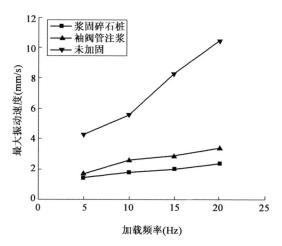

图 8-25　振动速度随加载频率变化图(30kN)

③振动速度随加载时间的变化

将 30kN、15Hz 加载条件保持不变,通过对无加固基底、袖阀管注浆加固基底及浆固碎石桩加固基底分别施加 0.013s、0.042s、0.062s 的加载时间,获得不同的土体最大振动速度,如图 8-26 所示。随着加载时间的增加土体最大振动速度呈线性增加,在相同条件下袖阀管注浆加固基底土体振动速度明显小于未加固的土体,随着加载时间的增大振动速度增加较缓。由此说明袖阀管加固基底能够明显减弱列车荷载对土体振动速度的影响。在相同的加载条件下,浆固碎石桩加固基底振动速度值小于袖阀管注浆加固基底,表明浆固碎石桩加固效果优于袖阀管注浆技术。

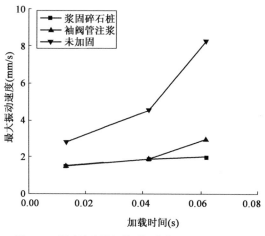

图 8-26　振动速度随加载时间变化图(30kN、15Hz)

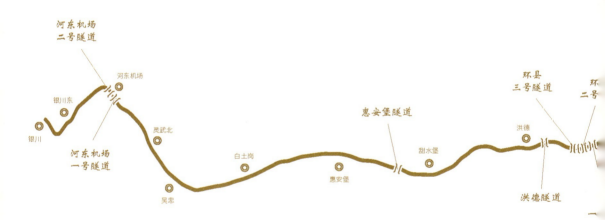

第 9 章

软塑黄土隧道施工关键技术

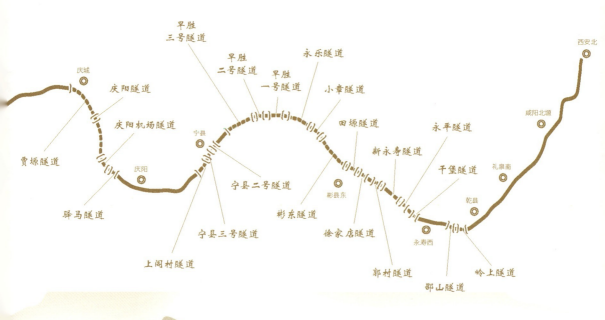

软塑黄土工程特性差,施工难度大,安全隐患多,成为黄土区隧道建设的一大技术难题。本章通过研究软塑黄土隧道施工工法,根据施工工序、施工流程、施工技术控制要点,介绍软塑黄土的快速施工关键技术和防排水施工关键。

9.1 快速施工关键技术

为确保软塑黄土隧道的施工质量和施工效率,银西高铁采用了三台阶法、三台阶临时仰拱法、三台阶预留核心土法、交叉中隔壁法(CRD法)施工,并采取大锁脚及分区段采取洞内帷幕注浆、地表深孔袖阀管注浆、地表深孔降水等工程措施。

9.1.1 三台阶法

(1)台阶法施工工序

图 9-1 所示为三台阶开挖法施工分部横断面示意图,图 9-2 所示为三台阶开挖法施工分部纵断面示意图。

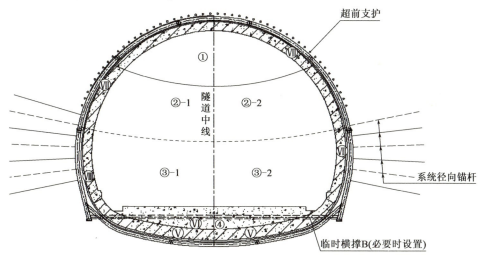

图 9-1 三台阶开挖法施工分部横断面示意图

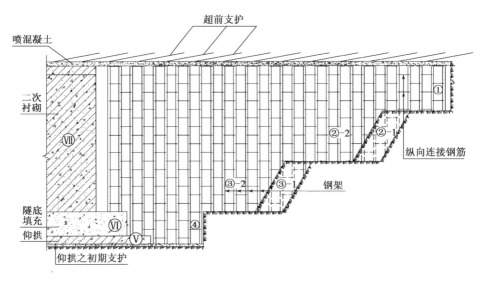

图 9-2 三台阶施工分部纵断面示意图

三台阶开挖法施工工序如下。

第 1 步：开挖①部后及时进行上台阶喷、锚、网系统支护，架设钢架并复喷混凝土至设计厚度，形成较稳定的承载拱。

第 2 步：滞后①部 5~8m 再开挖②部，接长钢架，施作中台阶初期支护，钻设系统锚杆后复喷混凝土至设计厚度。

第 3 步：滞后②部 5~8m 再开挖③部，接长钢架，施作中台阶初期支护，钻设系统锚杆后复喷混凝土至设计厚度。及时施作仰拱混凝土、填充混凝土，及早封闭成环。

第 4 步：开挖④部台阶，及时封闭初期支护，接长钢架，施作中台阶初期支护，钻设系统锚杆后复喷混凝土至设计厚度。灌注Ⅴ部仰拱，第④部台阶开挖后仰拱应紧跟，灌注该段内Ⅵ部隧底填充。

第 5 步：根据围岩量测结果，适时施作二次衬砌。

（2）施工技术控制要点

①隧道施工应坚持"短进尺、强支护、早封闭、勤量测"的原则。

②应结合上一循环架立的钢架施作超前支护等辅助施工措施，超前施作完毕再开挖。开挖后，应立即施作初期支护，并尽快封闭成环。

③根据围岩条件，合理确定台阶长度，Ⅳ级围岩不得大于 2 榀拱架间距，以确保开挖、支护质量及施工安全。

④台阶高度应根据地质情况、隧道断面大小和施工机械设备情况确定,其中上台阶高度以 3~4m 为宜。

⑤上下台阶施作钢架时,应采用锁脚锚管等措施,控制围岩和初期支护变形。

⑥下台阶应在上台阶喷射混凝土强度达到设计强度 70% 以上时开挖。当岩体不稳定时,应采用缩短进尺,必要时上下台阶可分左右两部错开开挖,并及时施作初期支护和仰拱。

⑦上台阶开挖超前一个循环后,上下台阶可同时开挖。

9.1.2 三台阶临时仰拱法

上阁村隧道 DK207+517.55~DK207+586、DK213+680~DK214+000 段 V 级围岩按照设计采用三台阶临时仰拱法。

图 9-3 所示为三台阶临时仰拱法施工工艺流程,图 9-4、图 9-5 分别为三台阶临时仰拱法施工分部横/纵断面示意图。

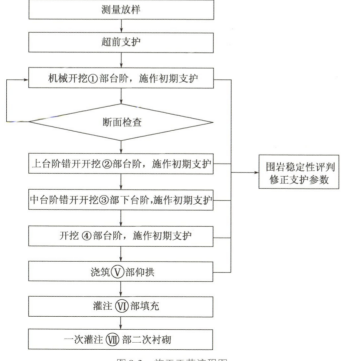

图 9-3 施工工艺流程图

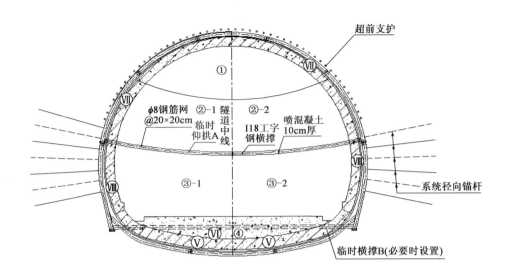

图 9-4 三台阶临时仰拱法施工分部横断面示意图

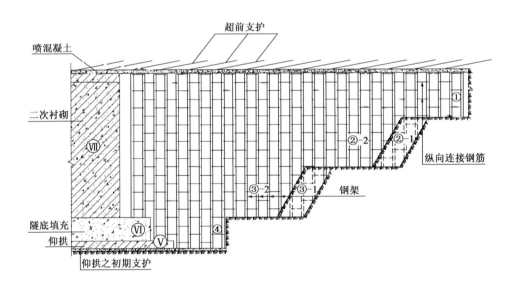

图 9-5 三台阶临时仰拱法施工分部纵断面示意图

(1)施工工序

第 1 步:开挖①部后及时进行上台阶喷、锚、网系统支护,架设钢架并复喷混凝土至设计厚度,形成较稳定的承载拱。施作 I18 工字钢临时钢架并喷混凝土厚 18cm。

第 2 步:滞后①部 5～8m 再开挖②部,分侧开挖②部台阶,拆除上台阶临时仰拱,分侧接长钢架,施作中台阶初期支护,钻设系统锚杆后复喷混凝土至设计厚度。

第 3 步:滞后②部 5～8m 再开挖③部,分侧开挖③部台阶,分侧接长钢架,施作中台阶初期支护及 I18 工字钢临时横撑,钻设系统锚杆后复喷混凝土至设计厚度。及时施作仰拱混凝土、填充混凝土,及早封闭成环。

第 4 步:开挖④部台阶,及时封闭初期支护,接长钢架,施作隧底阶初期支护,钻设系统锚杆后复喷混凝土至设计厚度。拆除临时横撑,灌注Ⅴ部仰拱,第④部台阶开挖后仰拱应紧跟,灌注Ⅵ部隧底填充。

第 5 步:根据围岩量测结果,适时施作二次衬砌。

(2)施工技术控制要点

除与常规三台阶法施工技术控制要点相同外,还应注意以下几点:

(1)临时支护钢架采用 I18 工字钢,钢架间距结合主洞身钢架间距,每 2 榀钢架设置一处。临时钢架与洞身钢架以螺栓连接,洞身钢架架设后在相应位置焊接连接钢板并预置螺栓,以便临时钢架连接,连接钢板尺寸根据各接头影响调整,接头处焊缝高度应严格按照钢结构的有关要求进行,焊缝高度不小于 6mm。

(2)开挖②和③部并施作初期支护,左右两侧应交错进行,避免后续开挖导致初期支护落空失稳。

(3)Ⅴ级围岩仰拱距离掌子面不得大于 35m。

(4)及时施作衬砌,Ⅴ级围岩衬砌距离掌子面不得大于 70m。

(5)在有足量作业空间和台阶稳定的前提下,尽量缩短台阶长度。

9.1.3 三台阶预留核心土法

上阁村隧道 DK207+586～DK207+697、DK210+257～DK210+567、DK211+750～DK213+680 段Ⅴ级围岩按照设计采用三台阶预留核心土法施工。

图 9-6、图 9-7 分别为三台阶预留核心土法施工分部横/纵断面示意图,图 9-8 为施工分部平面示意图。

(1)施工工序

三台阶预留核心土法施工工序流程如图 9-9 所示。

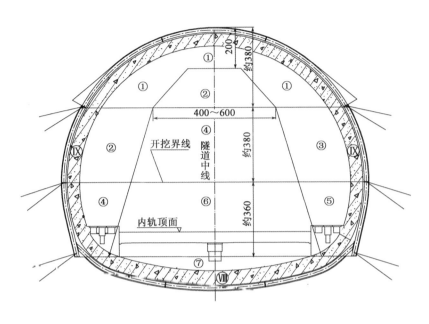

图9-6 三台阶预留核心土法施工分部横断面示意图(尺寸单位:cm)

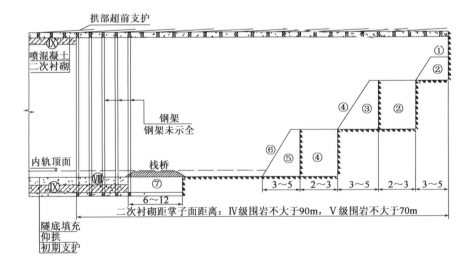

图9-7 三台阶预留核心土法施工分部纵断面示意图(尺寸单位:m)

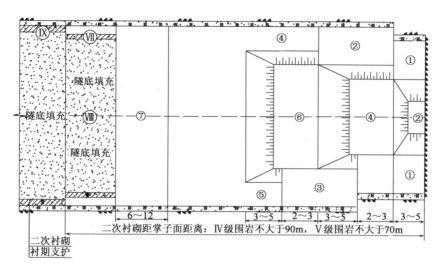

图 9-8 三台阶预留核心土法施工分部平面示意图(尺寸单位:m)

图 9-9 三台阶段留核心工法施工工序流程图

第 1 步:上部弧形导坑开挖。在拱部超前支护后进行,环向开挖上部弧形导坑,注意拱脚部位初期支护厚度按设计尺寸加厚,预留核心土,核心土长度为 3~

5m,宽度为隧道开挖宽度的 1/3～1/2。开挖循环进尺根据初期支护钢架间距确定,一般 0.6m 左右,开挖后立即初喷 3～5cm 混凝土。开挖后应及时进行喷、锚、网系统支护,架设钢架,在钢架拱脚以上 30cm 高度处,紧贴钢架两侧边沿按下倾角 30°打设锁脚锚管,锁脚锚管与钢架牢固焊接,复喷混凝土至设计厚度。

第 2、3 步:左、右侧中台阶开挖。开挖进尺应根据初期支护钢架间距确定,一般 0.6m 左右,开挖高度一般为 3～3.5m,左、右侧台阶错开 2～3m,开挖后立即初喷 3～5cm 混凝土,及时进行喷、锚、网系统支护,接长钢架,在钢架墙脚以上 30cm 高度处,紧贴钢架两侧边沿按下倾角 30°打设锁脚锚管,锁脚锚管与钢架牢固焊接,复喷混凝土至设计厚度。

第 4、5 步:左、右侧下台阶开挖。开挖工序与第 2、3 步相同。复喷混凝土至设计厚度。

第 6 步:开挖上、中、下台阶预留核心土,各台阶分别开挖预留的核心土,开挖进尺与各台阶循环进尺相一致。

第 7 步:开挖隧底。每循环开挖长度不得大于 1.5m,开挖后及时施作仰拱初期支护,完成隧底开挖、初期支护循环后,及时施作仰拱及仰拱填充。为了不影响车辆进出,采用栈桥过渡方案。

(2)施工技术控制要点

①据隧道的水文地质条件,严格按设计要求做好超前支护,控制好超前支护外插角,保证隧道开挖在超前支护的保护下施工,确保隧道施工安全。在断层、破碎带、浅埋段等自稳性较差或富水地层中,超前支护应按设计要求进行加强,以确保安全。

②导坑应沿开挖轮廓线环向开挖,预留核心土,以机械开挖为主,人工开挖为辅,人工配合挖掘机从台阶上向下刨土。开挖后应及时支护;其他各分部平行开挖,平行施作初期支护,各分部初期支护衔接紧密,及时封闭成环。

③过程通过变形监控量测,掌握围岩和支护的变形情况,及时指导调整支护参数和预留变形量,保证施工安全。

④开挖施工时应做好工序衔接。工序安排应紧凑,尽量减少围岩暴露时间,避免因长时间暴露引起围岩失稳。

⑤Ⅴ级围岩仰拱距离上台阶开挖工作面不得大于 35m。

⑥衬砌及时施作,Ⅴ级围岩衬砌距离掌子面不得大于 70m。

⑦在有足量作业空间和台阶稳定的前提下,尽量缩短台阶长度。

⑧开挖施工时应严格控制开挖长度,根据隧道围岩地质情况,合理确定循环进尺,每次开挖长度一般为 0.6m;开挖后立即初喷 3～5cm 混凝土,以减少围岩暴露

时间。

⑨严格按设计及规范要求加工制作和架设。钢架应架设在坚实基面上,严禁拱(墙)脚悬空或采用虚土回填。钢架应与锁脚锚管焊接牢固,漏空部分应采用同级混凝土回填密实,以保证支护能够有效承担荷载。

⑩超挖部位必须回填密实,严禁初期支护背后存在空洞。必要时初期支护背后应进行充填注浆,保证初期支护与围岩密贴。

⑪洞内临时防排水系统,严禁积水浸泡拱(墙)脚及在施工现场漫流,防止基底承载力降低。当地层含水率大时,在上台阶开挖工作面附近开挖横向水沟,将水引至隧道两侧排水沟排出洞外。反坡施工时,设置集水坑将水集中抽排。

⑫隧道施工的洞内通风,保证作业环境符合职业健康及安全标准。

9.1.4 交叉中隔壁(CRD)法

上阁村隧道 DK211+157~DK211+750 段 Ⅴ 级围岩软塑状黄土地段按照设计采用 CRD 法施工。

图 9-10 为 CRD 法横断面示意图,图 9-11 为纵断面示意图,图 9-12 为平面示意图。

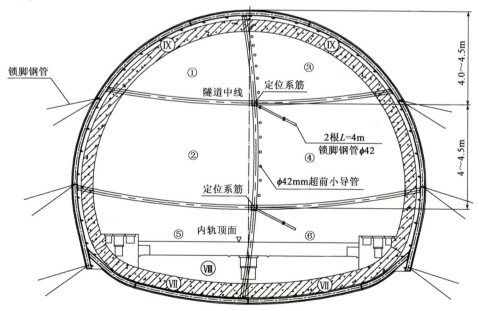

图 9-10 CRD 法横断面示意图

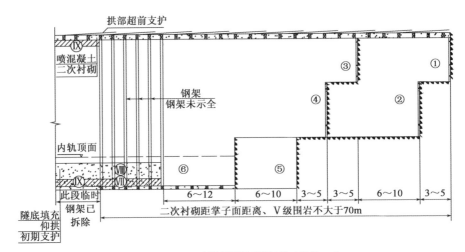

图9-11 CRD法纵断面示意图(尺寸单位:m)

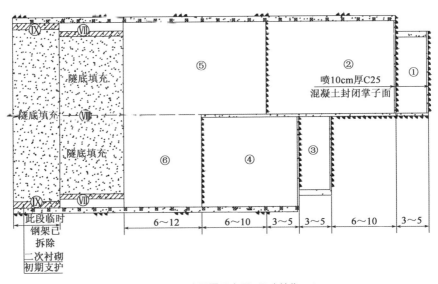

图9-12 CRD法平面示意图(尺寸单位:m)

(1)施工工序

图9-13为CRD法施工工序流程图。

第1步:利用上一循环架立的钢架施工工作隧道拱部 $\phi 42mm$ 注浆小导管及中壁 $\phi 22mm$ 砂浆锚杆超前支护。小型挖掘机配合人工风镐或辅以弱爆破开挖①部,喷8cm混凝土封闭掌子面,施作①部导坑周边的初期支护和临时支护,初喷4cm厚混凝土,安装钢筋网片,架立型钢钢架和临时钢架和横撑,临时仰拱距掌子面距离要严格控制,暂定为 3~5m。并设锁脚锚杆。钻设径向锚杆后复喷混凝土至设计厚度。

第 2 步:滞后①部 3~5m 距离弱爆破开挖②部,喷 8cm 混凝土封闭掌子面,导坑周边部分初喷 4cm 厚混凝土。安装钢筋网片,接长型钢钢架和临时钢架及横撑,并设置锁脚锚杆。钻设径向锚杆后复喷混凝土至设计厚度。

第 3 步:滞后②部 3~5m 距离开挖③部,喷 8cm 混凝土封闭掌子面,施作周边和临时支护,步骤同①部。

第 4 步:滞后②部 3~5m 距离开挖④部,喷 8cm 混凝土封闭掌子面,施作周边和临时支护,步骤同①部。

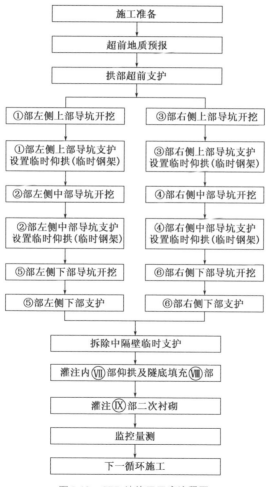

图 9-13 CRD 法施工工序流程图

第5步:滞后②部一段距离开挖⑤部,施作导坑周边的初期支护和临时支护。步骤同②部。

第6步:滞后④部一段距离开挖⑥部,隧底周边部分喷混凝土至设计厚度,步骤和工序同⑤部。

第7步:隧底开挖后尽快施作仰拱与填充,仰拱一次性灌注,且与隧底填充混凝土分开施工。中隔壁暂不全部拆除,保留仰拱中隔壁钢架部分,将钢架埋入仰拱及填充。

第8步:根据监控量测的结果进行分析,围岩和初期支护基本稳定后,拆除I18工字钢临时钢架中隔墙和临时仰拱的拆除必须以监控量测数据为依据,当收敛和沉降变形连续7d均在0.2mm/d以内时方可进行拆除,拆除顺序为上部中隔墙→右侧临时仰拱→左侧临时仰拱→下部中隔墙。拆除时采用破碎锤破除喷射混凝土,用氧炔焰割除连接,局部采用风镐破碎。临时支护拆除时一次性拆除长度以不大于10m为宜,应用量测数据说明临时支撑拆除的时机。

第9步:利用衬砌模板台车一次性浇筑拱墙衬砌。特殊条件下(如松散堆积、浅埋地段)的二次衬砌应在初期支护完成后及时施作。

(2)施工技术控制要点

①施工前所有施工人员,必须认真学习技术交底,发现问题或有不明白之处及时与工程部取得联系,待问题解决后,方可进行施工。

②将监控量测纳入施工工序。必测项目包括地下下沉、洞内观察和拱顶下沉。净空收敛施工前做好地表排水系统及地表沉降观测点的埋设,进行地表沉降的观测。当每部的初期支护完成后,按5m一个断面布设监控量测点。按照监控量测技术规程要求,①部和③部应布设三条测线,测线布设如图9-14所示。监测频率符合相关要求,且原则上采用最高频率要求。

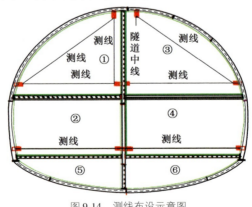

图9-14 测线布设示意图

③隧道开挖施工应根据设计位置、中线、水平、地质情况,预计可能产生的下沉量和施工误差掌握施工部位尺寸,保证开挖及衬砌断面符合设计要求。

④施工过程中必须对测量人员所放的点位要妥善保护,所有的点位对其破坏之前必须先报专业工程师批准。

⑤加强监控量测工作,采用统计分析的方法得出每部封闭时沉降量占总沉降量的百分比,在施工中可以根据每部的沉降量反算总沉降量,进行动态调整,确定合理的预留沉降量和施工支护参数。

⑥挖掘机在进行开挖作业时小心谨慎,不得破坏已有的支护。小炮开挖或人工开挖,严格控制装药量。

⑦CRD法施工工序繁多,应注意各工序之间的相互衔接和各工种的相互配合。由于CRD法施工把断面分为了六个部分施工,作业面相对狭小,需注意施工安全,洞内设值班人员统一调度指挥。

⑧施工过程要认真执行"三严"的施工原则,即:严格管理、严格纪律、严格工艺。

⑨严格控制循环进尺,循环进尺变化必须报专业工程师批准。永久支撑和临时支撑落地脚板必须安设[25a槽钢作为支撑,增大受力面积,减小下沉量。

⑩临时支护钢支撑拆除将以量测数据为依据,当量测结果显示围岩基本稳定后,方可进行临时仰拱的拆除。

⑪严格控制喷射混凝土的质量,钢拱架与围岩之间的间隙必须用喷射混凝土充填密实,不得留有空洞,严格控制喷射混凝土平整度。

⑫严格控制循环进尺,循环进尺变化必须报专业工程师批准。永久支撑和临时支撑落地脚板必须安设[25a槽钢作为支撑,增大受力面积,减小下沉量。

⑬临时支护钢支撑拆除将以量测数据为依据,当量测结果显示围岩基本稳定后,方可进行临时仰拱的拆除。

⑭严格控制喷射混凝土的质量,钢拱架与围岩之间的间隙必须用喷射混凝土充填密实,不得留有空洞,严格控制喷射混凝土平整度。

⑮施工所用的原材料必须经试验室检验合格后方可使用。喷射混凝土必须严格按照试验室提供的配合比进行施工,进行混凝土施工前必须通知试验室,并由试验室向驻地办试验监理工程师报检。

⑯超前注浆必须严格按照试验室提供的配合比进行施工,进行注浆前必须通知试验室和值班技术员,并由试验室向驻地办试验监理工程师报检。

⑰超挖部分严禁采用片石或其他杂物进行回填。

9.1.5 双侧壁导坑法

上阁村隧道 DK210+567~DK211+157 段 V 级围岩浅埋下穿地段按照设计采用双侧壁导坑法施工。

图 9-15、图 9-16 分别为双侧壁导坑法施工分部横/纵断面示意图,图 9-17 为施工分部平面示意图。

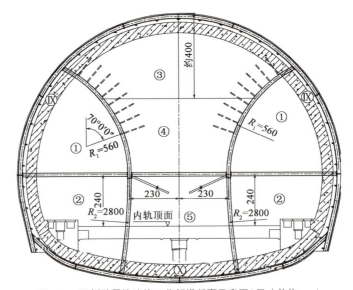

图 9-15 双侧壁导坑法施工分部横断面示意图(尺寸单位:cm)

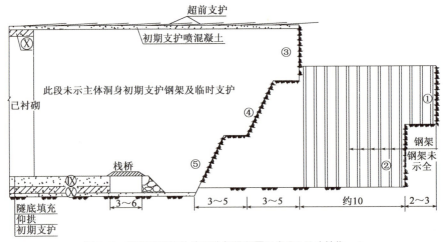

图 9-16 双侧壁导坑法施工分部纵断面示意图(尺寸单位:m)

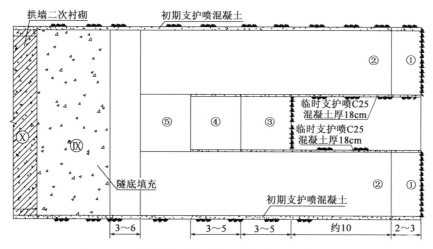

图 9-17 双侧壁导坑法施工分部平面示意图(尺寸单位:m)

双侧壁导坑法是先开挖隧道两侧的导坑,并及时施作导坑四周初期支护及临时支护,必要时施作边墙衬砌,然后再根据地质条件、断面大小,对剩余的部分采用两台阶法或三台阶法施工。该方法主要应用于Ⅴ级围岩浅埋、偏压及下穿公路地段。

(1)施工工序

双侧壁导坑开挖法施工工序流程如图 9-18 所示。

第 1 步:利用上一循环架立的钢架施作隧道侧壁 $\phi 42mm$ 小导管及导坑侧壁 $\phi 22mm$ 水平锚杆超前支护。

第 2 步:机械开挖①部,人工配合整修。

第 3 步:必要时喷 5cm 厚混凝土封闭掌子面。

第 4 步:施作①部导坑周边的初期支护和临时支护,即初喷 4cm 厚混凝土,架立型钢钢架和 I18 型钢临时钢架,并设锁脚锚杆(管),安设 I18 型钢横撑。

第 5 步:安装径向锚杆后复喷混凝土至设计厚度。

第 6 步:在滞后于①部一段距离后机械开挖②部,人工配合整修。

第 7 步:必要时喷 5cm 厚混凝土封闭掌子面。

第 8 步:导坑周边部分初喷 4cm 厚混凝土。

第 9 步:接长型钢钢架和 I18 工字钢临时钢架,安装锁脚锚杆(管),根据实际地质情况,必要时安设 I18 工字钢横撑。

第 10 步:钻设径向锚杆后复喷混凝土至设计厚度。

第 11 步:滞后②部一段距离再机械开挖③部,人工配合整修,并施作导坑周边的初期支护,步骤及工序同①部。

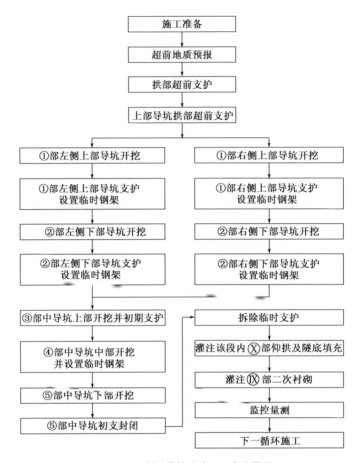

图 9-18 双侧壁导坑法施工工序流程图

第 12 步：滞后③部一段距离再机械开挖④部，人工配合整修，并施作导坑周边的初期支护，步骤及工序同②部。

第 13 步：利用上一循环架立的钢架施作隧道侧壁 $\phi42mm$ 小导管超前支护。机械开挖⑤部，人工配合整修。喷 5cm 厚混凝土封闭掌子面。

第 14 步：导坑周边初喷 4cm 厚混凝土，架立拱部型钢钢架，安装径向锚杆后复喷混凝土至设计厚度。

第 15 步：滞后⑤部一段距离再机械开挖⑥部，人工配合整修。喷 5cm 厚混凝土封闭掌子面。

第 16 步：滞后⑥部一段距离再机械开挖⑦部，人工配合整修。喷 5cm 厚混凝土封闭掌子面。

第17步:滞后⑦部一段距离再机械开挖⑧部,人工配合整修。隧底周边部分初喷4cm厚混凝土。

第18步:接长I18临时钢架,复喷混凝土至设计厚度。

第19步:拆除下部横撑,安设型钢钢架仰拱单元,使之封闭成环。

第20步:根据监控量测结果分析,待初期支护收敛后,拆除I18临时钢架及上部临时横撑。

第21步:利用仰拱栈桥灌注Ⅸ部边墙基础与仰拱混凝土。灌注仰拱填充Ⅹ部至设计高度。利用衬砌模板台车一次性灌注Ⅵ部衬砌(拱墙衬砌一次施作)。

(2)施工技术控制要点

①左右两侧导坑开挖及支护

a. 开挖

采用人工辅助挖掘机开挖,直接翻渣至下台阶,因工作空间较小,采用侧卸式装载机运至洞外,用自卸车运走。每开挖循环进尺为 0.65~1.3m,由测量人员控制方向和高程,并放样出开挖轮廓线,施工时沿开挖轮廓线开挖,开挖面应尽可能圆顺,以减小应力集中,严格按施工规范控制超欠挖。开挖完成后,应及时进行初期支护。两侧导坑上台阶应错开 3~7m 交替开挖。

b. 初期支护

(a)开挖后立即进行初喷,以便尽早封闭围岩暴露面,喷射混凝土厚 4~6cm。

(b)按设计要求架设钢拱架,架设时应保证拱脚坐落在密实的基础上,施作锁脚锚杆,拱架单元间连接牢固,纵向连接筋焊接牢固,使拱架之间形成整体。

(c)铺设双层钢筋网片,采用 $\phi 8$ 钢筋网片,网格尺寸 $20cm \times 20cm$,按设计及施工规范要求挂设,并与钢架及锚杆连接牢固。

(d)系统锚杆按设计垂直岩面打入,锚垫板与围岩密贴。

(e)采用喷射混凝土封闭岩面,第一次喷射厚度 4~6cm,架立好钢拱架后,从钢拱架腹部打入下一循环的超前小导管,复喷至设计厚度。拱架背后必须喷射密实,不得有空洞。

②拱部开挖及支护

待两侧导坑封闭成环一定时间后,并落后侧导坑掌子面 5~8m,开挖中间土体,初期支护施工方法与侧导坑相同,并且拱架与两侧导坑土上部连接。

③仰拱开挖及支护

检查侧壁支撑,分析各部分开挖支护后的变形收敛情况,处于基本稳定后,开挖中间下部土体,仰拱开挖落后拱部 6~10m,仰拱拱架与两侧导坑下部连接,使整个洞身初期支护成环。

④侧壁支护拆除

根据量测资料,确定拱顶沉降稳定后,拆除侧壁支撑,拆除过程中两侧壁应错开,防止因应力突变引起初期支护变形。

9.2 防排水施工关键技术

(1)洞内防排水

①隧道防排水采用"防、截、排、堵相结合,因地制宜,综合治理"的原则,根据实际条件采取"以堵为主,限量排放"原则,达到防水可靠,经济合理,不留后患的目的,防水板厚度不小于1.5mm,并满足《铁路隧道防排水技术指南》(TZ331—2009)的有关要求,土工布质量不小于400g/m²。二次衬砌钢筋混凝土抗渗等级不小于P10。

②施工缝、变形缝设可靠的复合防水措施,见表9-1。

隧道衬砌防水构造表　　　　　　　　　　　　　　　表9-1

项　目		衬砌防水构造
施工缝防水构造	环向	中埋式橡胶止水带+背贴式止水带+毛细排水板(幅宽1m)的复合防水构造
	纵向	中埋式钢边橡胶止水带+背贴式止水带的复合防水构造
变形缝防水构造		中埋式橡胶止水带+背贴式止水带+嵌缝材料的复合防水构造

③隧道内设置双侧排水沟加中心矩形水沟,侧沟主要用于汇集地下水并通过 ϕ100mm 聚氯乙烯(PVC)横向排水管与中心矩形盖板水沟连通,将洞内水通过中心矩形盖板沟排至洞外,横向排水管纵向间距10m,通过检查井、预埋混凝土预制管等形式排到洞外。

④拱墙衬砌防水板背后环向环向设置 ϕ50mm 盲沟,隧道两侧边墙墙角外侧分段设置 ϕ80mm 的纵向盲沟,环向盲沟与纵向盲沟均直接接入侧沟内。环向盲沟间距按8m考虑,当地下水发育时,应加密布置透水管。

⑤仰拱不设置防水板,为便于止水带安装,需在仰拱环向施工缝处增设一幅宽

2m、厚1.5mm的防水板,背衬无纺布。

⑥隧道衬砌背后进行回填注浆,以使初期支护和二次衬砌之间回填密实,并填塞由于混凝土不密实或开裂形成的裂缝,起到封堵地下水防水作用。

(2)结构防排水施工工艺

隧道结构排水施工工艺流程如图9-19所示。

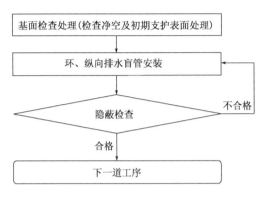

图9-19　隧道结构排水施工工艺流程图

(3)排水盲管施工

①排水盲管施工工艺流程

钻孔定位→安装锚栓→捆绑盲管→盲管纵向环向连接。

②环向排水盲管施作方法

纵向、环向盲沟安装于初期支护与防水板间,安装前引先检查初期支护面有无开裂、鼓包、凸起等异常情况,需及时进行处理,处理完毕之后开始安装环向排水盲管和纵向排水盲管。环向波纹管采用无纺布包裹,并采用聚乙烯塑料(PE)板窄条固定,用长5cm水泥钉锚固在喷层面上,锚固间距可按拱部80cm×80cm、边墙100cm×100cm布置;纵向波纹管采用无纺布包裹,并采用PE板窄条固定,用长5cm水泥钉锚固在喷层面上,锚固间距按50cm布置。

环纵向盲管安装完毕之后,进行隐蔽部位及高程检查,确认合格后进行下一道工序。

(4)边墙泄水管施作方法

模板架立后开始施作边墙泄水管,在模板对应于泄水管的位置开于泄水管直径相同的孔。泄水管一端安在模板的预留孔上,另一端安在纵向排水管上,泄水管与纵向排水管用三通连接时必须有固定措施。

(5) 排水盲管施工控制要点

①纵向贯通排水盲沟安装应按设计规定划线,以使盲管位置准确合理,划线时注意盲管尽可能走基面的低凹处和有出水点的地方。

②盲管与支护的间距不得大于 5cm,盲管与支护脱开的最大长度不得大于 110cm。

③集中出水点沿水源方向钻孔,然后将单根集中引水盲管插入其中,并用速凝砂浆将周围封堵,以使地下水从管中集中引出。

④盲管上接头用无纺布的渗水材料包裹,防止混凝土或杂物进入堵塞管道。

⑤为方便在施工中固定盲管和在运营期间疏通盲管,盲管出水弯头段应用 PVC 硬质弯管(边墙进水孔管)套在上面,以起保护和导引作用。并注意进水孔段应有不小于 2% 的流水坡度。

⑥管在隧道边墙进水孔处的设置应便于盲管的疏通维护,其弯曲半径一般可设计与进水孔的垂直穿墙长度值相等,且不宜小于 40cm,必要时可设辅助钢筋固定之。

⑦防水层半包盲管时,以半包裹形式铺设,在盲管两侧必须加密固定暗钉,沿盲管纵向的暗钉固定间距不宜大于 40cm,以尽量减少此域内的防水板空鼓范围。

⑧应特别注意防水层至少应铺设至纵向盲管以下,并于下边缘加密固定,且进水孔(管)处的防水板开孔必须保证圆顺,孔径应略小于进水孔(管)外径,以能利用防水板弹性,使孔(管)密贴穿过防水板,孔缝不露浆,防止浇筑二次衬砌混凝土时浆液堵塞或影响盲管的排水和过滤性能。

⑨环纵向盲管安装完成后严禁喷射混凝土废料,或者将重物依墙而立,更严禁用锤砸盲管。

⑩防水板施工采用无钉铺设工艺。

(6) 基面处理

①局部漏水采用注浆堵水或埋设排水管直接排出

钢筋网等凸出部分,先切断后用锤铆平抹砂浆素灰,如图 9-20 所示。

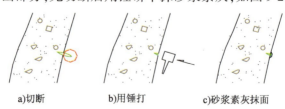

a)切断　　b)用锤打　　c)砂浆素灰抹面

图 9-20　基面处理示意图

凸出的管道,先切断后用砂浆填死抹平,如图 9-21 所示。

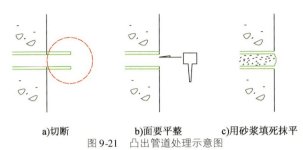

a)切断　　　　　b)面要平整　　　c)用砂浆填死抹平

图 9-21　凸出管道处理示意图

锚杆有凸出部位时,螺头顶预留 5mm 切断后,用塑料帽处理,如图 9-22 所示。

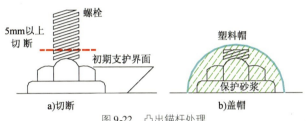

a)切断　　　　　　　　　　　　b)盖帽

图 9-22　凸出锚杆处理

②初期支护应无空鼓、裂缝、松酥,表面应平顺,凹凸量不得超过 ±5cm,如图 9-23 所示。

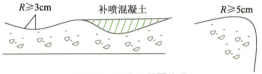

图 9-23　凹凸不平面处理

(7)施作步骤与方法

①铺设准备

洞外检查、检验垫层材料及防水板质量,对检查合格的防水板,用特种铅笔画出焊接线及拱顶分中线,并按每循环设计长度截取,对称卷起备用;洞内在铺设基面标出拱顶中线,画出隧道中线第一环及垂直隧道中线的横断面线。

防水板铺设采用专门的台(架)车铺设,同时应该满足下列要求:

a.防水板铺设专用台(架)车宜采用轮轨式,如果采用轨行式时,台车应与模板台车的行走轨道为同一轨道;轨道的中线和轨面高程误差应小于 ±10mm。

b.台(架)车前端应设有检查初期支护表面及二次衬砌内轮廓的钢架,并有整体移动(上、下、左、右)的微调结构。

c.台(架)车上应该配备能达到隧道周边任一部位的作业平台。

d.台(架)车上应配备辐射状的防水板支撑系统。

e.台(架)车上应配备提升(成卷)防水板的卷扬机和铺放防水板的设施。

②无纺布铺设

无纺布一般采用暗钉圈固定,铺设无纺布采用作业台车将单幅无纺布固定到预定位置,然后用专用射钉将无纺布固定在喷射混凝土上。专用热熔衬垫及射钉按梅花形布置,拱部间距 0.8m×0.8m,边墙 1.0m×1.0m,并左右上下成行固定。无纺布与喷混凝土表面密贴,铺设应平顺、无隆起、无褶皱。搭接宽度不小于 50mm。无纺布铺设如图 9-24 所示。

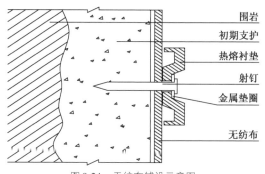

图 9-24　无纺布铺设示意图

③防水板铺设

a. 铺设防水板先用作业台车将防水板固定到预定位置,然后用手动电热熔接器加热,使防水板焊接在固定无纺布的专用热熔衬垫上,如图 9-25 所示。防水板铺设要松紧适度,避免过紧被撕裂或过松形成人为蓄水点。

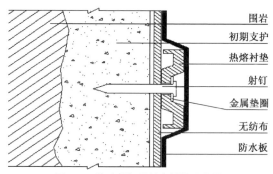

图 9-25　防水板加无纺布铺设示意图

b. 防水板采用自动双缝热熔焊机,按预定的温度、速度焊接,单条焊缝的有效焊缝宽度不小于 15mm。焊接后两条缝间留一条空气道,用于空气检测器检测焊接质量。

c. 焊接前先除尽防水板表面的灰尘再焊接,防水板搭接宽度须大于 15cm,如图 9-26 所示。分段铺设防水板的边缘部位应预留至少 60cm 的搭接余量,并对预留边缘部位进行有效的保护。

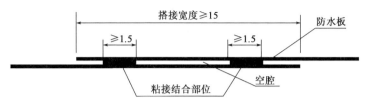

图 9-26　防水板焊接示意图(尺寸单位:cm)

d.防水板铺设应超前二次衬砌施工 20~25m(即 1~2 个作业段),并设临时挡板防止机械损伤和电火花灼伤防水板,同时与开挖掌子面应保持一定的安全距离。

e.防水板搭接缝应与变形缝、施工缝、围岩集中出水处等防水薄弱环节错开,距离不应小于 100cm。

f.焊缝检测采用检漏器现场检测防水板焊接质量。先堵住空气道的一端,然后用空气检测器从另一端打气加压,直至压力达到 0.25MPa,保持该压力不少于 15min,允许压力下降不超过 10%。如达到要求,说明完全黏合,否则须用检测液(如肥皂水)找出漏气部位,用手动热熔器焊接修补后再次检测,直到完全黏合。

g.防水板的接缝应与衬砌施工缝错开 1.0~2.0m。

h.防水板破损处修理:如发现防水板有破损,必须及时修补。先取一小块防水板剪成圆角,除尽防水板上的灰尘后,将其置于破损处,然后用手动电热熔接器熔接。熔接质量用真空检测器检测,若不合格必须重新修补。

④隧道与综合洞室、坑道相交处施工

隧道与综合洞室、斜井、横道等交汇处会出现曲线阳角,综合洞室、斜井、横道等与后墙交汇处会出现曲线阴角,隧道衬砌大小断面衔接时,堵头墙与衬砌会形成曲线阴角和阳角衔接,对阴、阳角处防水板铺设宜按图 9-27 施作。

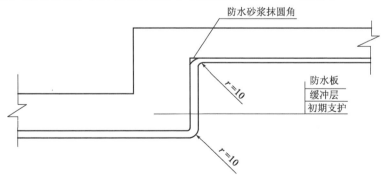

图 9-27　阴、阳角处防水层施作示意图(尺寸单位:cm)

a. 阴角时防水层施作：防水板弯折前的搭接边长 L 大于弯折后的搭接边长 I，为使弯折后搭接平展，可在弯折前分成 n 段并于分段处剪成宽为 $(L-I)/n$ 的三角形缺口，则弯折后缺口能平展闭合，达到平顺焊接防水板的目的，如图9-28所示。

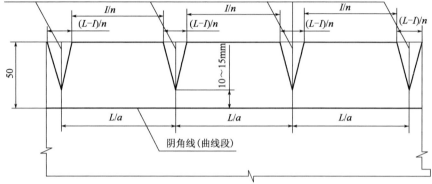

图9-28 阴角处防水板搭接平面示意图（尺寸单位：cm）

b. 阳角时防水板施作：防水板弯折前的搭接边长 I 大于弯折后的搭接边长 L，为使弯折后搭接平展，可在弯折前分成 n 段并于分段处剪成一条缝，弯折后缝边张开成口宽为 $(L-I)/n$ 的三角形缺口，则防水板才得以平顺焊接，如图9-29所示。

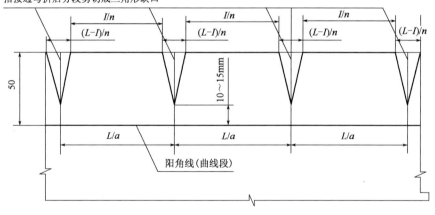

图9-29 阳角处防水板搭接平面示意图（尺寸单位：cm）

(8) 防水板的焊接要求

①焊接时，接缝处必须清理干净，且焊缝接头应平整，不得有气泡褶皱及空隙。

②应由专业技术人员负责防水板的焊接以保证焊缝质量。热焊机操作手应经过专业培训,并且人员相对固定。

③开始焊接前,应在塑料片上试焊,以掌握焊接温度和焊接速度。

④防水板的焊接应采用双面焊,以调温、调速热楔式自动爬行式热合机热熔焊接,细部处理或修补可采用手持焊枪焊接;自动爬行式热合机有"温度"和"速度"两个控制因素,焊楔温度高时,焊机行走速度应快;焊楔温度低时,焊机行走速度应慢。

⑤单条焊缝的有效焊接宽度不应小于15mm。

⑥洞内焊接时,应先将两幅防水板铺挂定位,端头各预留20cm,由一人在焊机前方约50cm处将两端防水板扶正,另一人手握焊机,将焊机保持在离基面5~10cm的空中,以调试好的恒定的温度向前行走,中途不能停顿,整条焊缝的焊接应一气呵成,不要停顿。

⑦附属综合洞室处铺设防水板时,先按照附属洞室的大小和形状加工防水板,并与边墙防水板焊接成一个整体。如果附属综合洞室成型不好,须用同强度等级的混凝土使其外观平顺后,方可铺设防水板。

(9)防水板施工质量检查

①目测检验

a. 用手将已固定好的塑料板上托或挤压,检查其与喷射混凝土面的密贴程度及预留量。

b. 检查塑料板有无烤焦、焊穿、假焊和漏焊,焊缝宽度是否符合设计,焊缝表面是否平整光滑,有无波形断面。

②充气检查

a. 检查采取随机抽样的原则,环向焊缝每衬砌循环抽试2条,纵向焊缝每衬砌循环抽试1条。

b. 防水板的搭接缝焊接质量检查应按充气法检查,将5号注射针与压力表相接,用打气筒进行充气,当压力表达到0.25MPa时停止充气,保持15min,压力下降在10%以内,说明焊缝合格;如压力下降过快,说明焊缝不严。用肥皂水涂在焊缝上,有气泡的地方重新补焊,直到不漏气为止。

③施工要点控制

a. 焊接时,接缝处必须清理干净,且焊缝接头应平整,不得有气泡褶皱及空隙。

b. 应由专业技术人员负责防水板的焊接以保证焊缝质量。热焊机操作手应经过专业培训,并且人员相对固定。

c. 开始焊接前,应在塑料片上试焊,以掌握焊接温度和焊接速度。

d.防水板的焊接应采用双面焊,以调温、调速热楔式自动爬行式热合机热熔焊接,细部处理或修补可采用手持焊枪焊接;自动爬行式热合机有"温度"和"速度"两个控制因素,焊楔温度高时,焊机行走速度应快;焊楔温度低时,焊机行走速度应慢。

e.单条焊缝的有效焊接宽度不应小于15mm。

f.洞内焊接时,应先将两幅防水板铺挂定位,端头各预留20cm,由一人在焊机前方约50cm处将两端防水板扶正,另一人手握焊机,将焊机保持在离基面5~10cm的空中,以调试好的恒定的温度向前行走,中途不能停顿,整条焊缝的焊接应一气呵成,不要停顿。

g.附属综合洞室处铺设防水板时,先按照附属洞室的大小和形状加工防水板,并与边墙防水板焊接成一个整体。如果附属综合洞室成形不好,须用同等级混凝土使其外观平顺后,方可铺设防水板。

④成品保护

a.衬砌钢筋安装过程中,应注意避免钢筋端头刺破防水板;钢筋焊接时,应在防水层和钢筋之间设置石棉遮挡板,避免火花烧穿防水板。

b.浇筑二次衬砌混凝土时,振捣棒严禁触及防水板。

c.浇筑混凝土前必须将所有的隔离膜从防水板或加强带上去掉,防水板铺好后40天内必须浇筑混凝土,浇筑过程必须小心振捣,振捣棒避免触及防水板造成破损。

d.挡头板的支撑物在接触到塑料防水板处必须加设橡皮垫层。

e.绑扎钢筋和安装模板及衬砌台车就位时,在保护层垫块外包土工布防止碰撞和挂破塑料板。

(10)中埋式、背贴式止水带施工

①适用条件、范围

适用于隧道Ⅲ级围岩施工,变形缝是隧道防排水的薄弱环节,环向施工缝(拱墙、仰拱)从外至内分别设置防水板、外贴式止水带及中埋式止水带等多重防水措施。

②施工缝、变形缝防水

a.施工缝、变形缝处理。

拱墙、仰拱环向施工缝处设外贴式橡胶止水带及中埋式止水带(施工缝采用中埋式橡胶止水带,变形缝采用中埋式止水带)。

b.复合式止水带施工缝防水构造形式。

复合式止水带由外贴式橡胶止水带及中埋式橡胶止水带组成,常见的复合式止水带施工缝防水构造形式如图9-30所示。

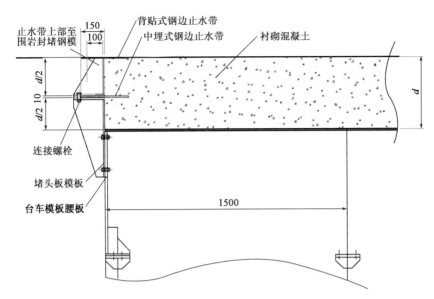

图 9-30 复合式止水带施工缝防水构造示意图(尺寸单位:mm)

③止水带施工

中埋式止水带施工工艺流程如图 9-31 所示。

图 9-31 中埋式止水带施工工艺流程图

(11)暗洞段施工缝、变形缝防水构造

①施工缝防水构造

隧道衬砌环向施工缝仰拱处设一幅 2m 宽的防水板及无纺布。在弱富水~中等富水地段环向施工缝采用—中埋式橡胶止水带+背贴式橡胶止水带+毛细排水板(幅宽 1m)的复合防水构造;贫水及红黏土地段隧道衬砌环向施工缝采用"中埋橡胶止水带+背贴止水带"复合防水构造。拱、墙及仰拱(底板)环向施工缝防水构造如图 9-32、图 9-33 所示。

衬砌纵向施工缝采用中埋式钢边橡胶止水带+背贴止水带的复合防水构造,纵向施工缝位于水沟盖板顶面以下 20cm 处,纵向盲管布置高程宜为仰拱顶面以下 40cm 处,拱墙衬砌与仰拱矮边墙顶面相接。

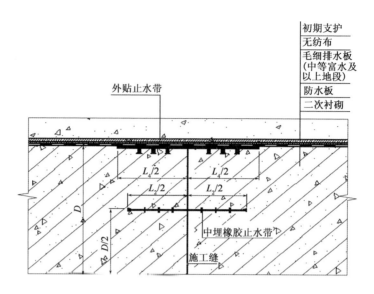

图 9-32　拱、墙环向施工缝防水构造示意图

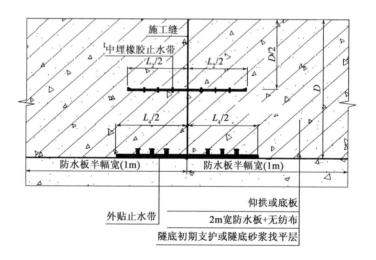

图 9-33　仰拱(底板)环向施工缝防水构造示意图

纵向施工缝的中埋式钢边橡胶止水带、背贴式止水带在仰拱矮边墙施工时安装,中埋式钢边止水带宽度不小于400mm、厚度不小于10mm钢板,钢边止水带必须居中安装平顺,使仰拱矮边墙与拱墙衬砌各占一半(20cm),其中间圆心环应与缝的中心线重合。边墙纵向施工缝防水构造如图9-34所示。

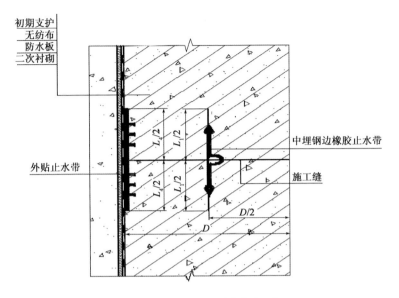

图 9-34　边墙纵向施工缝防水构造示意图

②橡胶止水带施工要求

a. 连接前应做好接头表面的清刷与打毛,搭接长度不小于 10cm。

b. 接头采用热压机硫化搭接胶合,接头强度不应低于母材的 80%。

c. 如止水带有十字连接或丁字连接,应使用十字接头或丁字接头。

③施工工艺

a. 把止水带对接部位用布擦拭,并保持其清洁、干燥,然后再将对接部位对齐,进行热压机硫化搭接胶合。

b. 止水带对接部位横向缠绕一圈未硫化的丁基橡胶腻子片,要保持其平整、干净。

c. 在未硫化的丁基橡胶腻子片外粘上一层 1mm 厚的橡胶薄片,用手挤压直至粘牢为止。

④钢边橡胶止水带施工要求

a. 连接前应做好接头表面的清刷与打毛,搭接长度不小于 10cm。

b. 橡胶部分接头采用热压机硫化搭接胶合,接头强度不应低于母材的 80%。

c. 钢边部分要进行机械连接,并采用未硫化橡胶腻子片进行填充补强处理,不得采用电焊连接,否则容易对橡胶造成破坏。

d. 采用机械对接接头时,首先将钢边橡胶止水带的两端接头用 U 形箍件在其两侧分别对接,用铆钉将 U 形箍件与钢边止水带两侧钢边铆钉牢固,然后用丁基橡胶腻子片将钉在一起的接头部分缠绕紧密,最后用天然橡胶片包裹严密。

(12)施工缝、变形缝施工方法

①环向施工缝止水带施工

衬砌台车使用翻转式钢模组合端模,翻转式钢木组合端模主要由内侧 L 形固定钢端模、中间翻转合页、外侧木模和加固系统组成。衬砌台车大里程端弧板上可翻转式合页模板,Ⅳ级围岩地段其有效宽度 40cm,预留 10cm 宽度利用钢木组合端模进行封闭,Ⅴ级围岩地段翻转模板,其有效宽度 50cm,预留 10cm 宽度利用钢木组合端模进行封闭。

翻转式合页封端模板合页板支撑采用丝杠支撑方式,丝杆着力点于衬砌台车弧板焊接 I18 工字钢梁上。利用人工旋钮实现合页的翻转、支撑。

翻转式合页封端模板设计方案如图 9-35、图 9-36 所示。

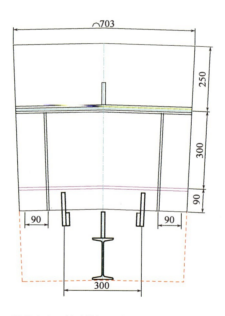

图 9-35　翻转式合页封端模板设计平面示意图(尺寸单位:mm)

施工方法如下:

a.人工将合页式模板下部钢模板固定到相应衬砌弧板上,然后将下板合上并固定牢靠。

b. 人工沿下板顶面铺设环向中埋式钢边止水带,并调整至准确位置,确保向衬砌模板内侧外伸宽度为200mm。

c. 翻转上板并压紧中埋式橡胶止水带,人工将上板外支撑杆连接好后,通过旋钮支撑杆调节好封端模板上、下板至同一垂直轴线上,上板与防水板所成间隙预留宽度约5cm。

d. 人工沿翻转合页式模板上板顶部铺设背贴式橡胶止水带,并调整至准确位置,然后利用已加工好后的木板(尺寸为20cm×20cm×5cm)插入钢筋扣槽中顶紧背贴式止水带至防水板,并密贴。

e. 检查模板安装、加固是否牢固可靠,背贴式止水带与防水板件是否漏缝,并加以调整,定牢靠。

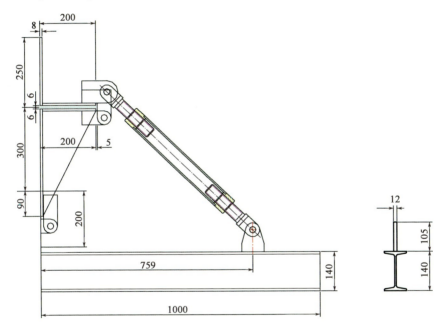

图9-36 翻转式合页封端模板设计横断面示意图(尺寸单位:mm)

②纵向施工缝止水带安装

在隧道施工过程中,边墙纵向水平施工缝的防水构造处理是隧道防排水施工的关键,通过采用在仰拱浇筑时埋设中埋式钢边止水带能够从根本上优化隧道衬砌拱脚的防水处理。通过仔细研究和充分考虑施工便捷、质量保证的基础上,采用专用钢边止水带定位夹具进行施工。

钢边止水带定位夹具组成:由定位角钢、固定夹板和F形主梁组成。定位角钢由两根∟50等边角钢组成;固定夹板由2块150mm(宽)×250mm(高)×10mm(厚)钢板焊接成∩形;F形主梁采用[16槽钢对口焊接,并与仰拱弧形模板采用螺栓连接固定。止水带定位夹具纵向布置间距2m,钢边止水带定位夹具结构如图9-37所示。

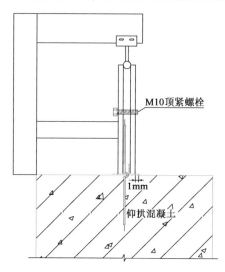

图9-37　钢边止水带定位夹具安装施工示意图

　　∟50等边角钢单根长度为12.0m,为便于角钢两端定位和固定,角钢一端伸长至已浇边墙部分长度为0.5~0.8m,有效与上一段钢边止水带密贴,采用钢销保证其顺直度。

　　为便于紧固定位角钢,在固定卡一侧角钢腹板底部加工M12的螺纹孔螺孔,将螺栓与角钢旋紧(注意:夹板式固定卡与F形梁采用螺旋连接固定),使中埋式钢板止水带固定牢靠。

参考文献

[1] 赵东平,喻渝,王明年,等. 大断面黄土隧道变形规律及预留变形量研究[J]. 现代隧道技术, 2009(6): 64-69.

[2] 孟德鑫,谭忠盛. 大断面黄土隧道变形控制技术及支护受力特征[J]. 土木工程学报, 2015(S1): 383-387.

[3] 梁小勇,扈世民,张春会. 深埋大断面黄土隧道围岩失稳试验研究[J]. 岩土工程学报, 2013, 35(S2):559-563.

[4] 王春浩. 超大断面黄土公路隧道围岩压力计算方法分析[J]. 现代隧道技术, 2015 (03): 181-187.

[5] 王明年,郭军,罗禄森,等. 高速铁路大断面深埋黄土隧道围岩压力计算方法[J]. 中国铁道科学, 2009 (05):55-60.

[6] 周烨. 高速铁路黄土隧道初期支护受力特性研究[J]. 现代隧道技术, 2012, 49(3):83-86.

[7] 郭军,王明年,谭忠盛,等. 大跨浅埋黄土隧道中系统锚杆受力机制研究[J]. 岩土力学, 2010 (03):202-206.

[8] 席浩,李绪干,时坚,等. 宝兰铁路苏家川大断面黄土隧道三台阶施工变形控制技术[J]. 隧道建设, 2014, 34(7):678-684.

[9] 李波,宋冶,师亚龙,等. 大断面黄土隧道不同试验工法下的力学特性及变形特征研究[J]. 隧道建设, 2015 (06):24-29.

[10] 党进谦,李靖. 非饱和黄土的结构强度与抗剪强度[J]. 水利学报, 2001 (07):81-85,92.

[11] 李保雄,牛永红,苗天德. 兰州马兰黄土的水敏感性特征[J]. 岩土工程学报, 2007,29(2):294-298.

[12] 米海珍,李如梦,牛军贤. 兰州原状黄土剪切强度特性的试验研究[J]. 兰州理工大学学报, 2006(04):115-117.

[13] 刘春,丁力. 非饱和黄土强度特性的常规三轴试验研究[J]. 地质与勘探, 2002, 38(5):88-91.

[14] 王耀东,陈福江. 大断面黄土隧道地下水渗流分析[J]. 四川建筑, 2011 (02):98-100.

[15] 张志勇. 非饱和黄土隧道力学特性研究[J]. 公路交通科技, 2006 (09): 135-136.

[16] 孟祥连, 夏万云, 周福军, 等. 银西高铁董志塬地区黄土工程特性分析研究[J]. 铁道工程学报, 2016(12):24-29.

[17] 张晓宇. 银西高铁软塑黄土隧道地表降水试验研究[J]. 现代隧道技术, 2019 (3):154-160.

[18] 赖金星, 樊浩博, 来弘鹏, 等. 软弱黄土隧道变形规律现场测试与分析[J]. 岩土力学, 2015, 36(07):2003-2012, 2020.

[19] 牛天武. 软塑状土质隧道施工技术[J]. 陕西煤炭, 2004, 23(3):28-30.

[20] 常伟. 三台阶七步法在某高速公路隧道施工中的应用[J]. 交通标准化, 2011(19):122-124.

[21] 刘志强, 严松宏. 树根桩加固黄土隧道基底的应用[J]. 四川理工学院学报(自然科学版), 2009 (01):118-120.

[22] 龚彦峰, 王爱武, 周坤, 等. 软土盾构隧道基底加固对长期沉降的影响分析[J]. 重庆交通大学学报(自然科学版), 2017, 36(10):18-25.

[23] 雷祥义. 黄土高原南部晚更新世黄土地层划分显微结构及力学性质特征[J]. 第四纪研究, 1992, 12(2): 128-135.

[24] 赵景波, 岳应利, 杜娟. 陕西洛川黄土中第5层黄土古土壤与环境研究[J]. 中国沙漠, 2004, 24(1):30-34.

[25] 邓军涛, 张艳, 王娟娟. 黄土古土壤的抗剪强度特性[J]. 水土保持通报, 2015, 35(5): 318-322.

[26] 曲永新, 张永双, 覃祖淼. 三趾马红土与西北黄土高原滑坡[J]. 工程地质学报, 1999(03): 257-265.

[27] 侯公羽, 李晶晶. 弹塑性变形条件下围岩—支护相互作用全过程解析[J]. 岩土力学, 2012, 33(4): 961-971.

[28] 方祖烈. 拉压域特征及主次承载区的维护理论[M]. 北京: 煤炭工业出版社, 1999.

[29] 蔡美峰, 何满潮, 刘东燕. 岩石力学与工程[M]. 北京: 科学出版社, 2000.

[30] 张永双, 曲永新, 周瑞光. 南水北调中线工程上第三系膨胀性硬黏土的工程地质特性研究[J]. 工程地质学报, 2002(04): 367-377.

[31] 赵颖文, 孔令伟, 郭爱国, 等. 广西红黏土击实样强度特性与胀缩性能[J]. 岩土力学, 2004(03): 368-373.

[32] 孔令伟, 罗鸿禧, 袁建新. 红黏土有效胶结特征的初步研究[J]. 岩土工程

学报, 1995(05): 42-47.

[33] 陈开圣, 胡鑫. 高液限红粘土变形特性研究[J]. 公路交通科技, 2010, 27(3): 49-54.

[34] 傅鑫晖, 韦昌富, 颜荣涛, 等. 非饱和红黏土的强度特性研究[J]. 岩土力学, 2013(Z2): 204-209.

[35] 肖智政, 刘宝琛. 残积红黏土的力学特性试验研究[J]. 地下空间与工程学报, 2005, 1(6): 990-993.

[36] 谈云志, 孔令伟, 郭爱国, 等. 压实红黏土的湿化变形试验研究[J]. 岩土工程学报, 2011, 33(3): 483-489.

[37] 穆坤, 孔令伟, 张先伟, 等. 红黏土工程性状的干湿循环效应试验研究[J]. 岩土力学, 2016, 37(8): 2247-2253.

[38] 陈胤. 圆形浅埋暗挖隧道破裂角及破坏模式研究[D]. 北京: 北京交通大学, 2015.

[39] 孟德鑫. 高速铁路浅埋大断面黄土隧道空间变形特性及支护机理研究[D]. 北京: 北京交通大学, 2016.

[40] 娄海成. 浅埋偏压大断面隧道围岩变形与支护受力研究[D]. 北京: 北京交通大学, 2015.

[41] 徐祯祥. 岩土锚固技术手册[M]. 北京: 人民交通出版社, 2004.

[42] 房营光, 等. 沉管隧道地基砂流法处理的砂盘扩展规律试验与分析[J]. 岩石力学与工程学报, 2012 (01): 207-218.

[43] 刘汉龙, 陈永辉. 浆固碎石桩技术及其应用[J]. 岩土工程界, 2006, 9(7): 27-30.

[44] LIU, H. L, KONG G Q, CHU J, et al. Grouted gravel column supported highway embankment over soft clay: case study[J]. Canadian Geotechnical Journal, 2015, 52(11): 1725-1733.

[45] 陆文超. 地面荷载下浅埋隧道围岩应力的复变函数解法[J]. 江南大学学报 2002: 408-413.

[46] 陆文超. 浅埋隧道围岩应力场的解析解[J]. 力学季刊, 2003 (01): 22-28.

[47] 王丽庆. 穿越土石界面富水的单线隧道设计与施工[J]. 石家庄铁道大学学报(自然科学版), 2013 (S2): 288-290.

[48] 石常艳. 浅谈隧道土石分界段施工技术[J]. 黑龙江科技信息, 2017(7): 198-199.

[49] 何金峰. 土石交界地层隧道开挖围岩与支护结构稳定性分析[D]. 长沙: 中

南大学,2011.

[50] 王磊.地质偏压隧道围岩压力分布及衬砌安全性的分析[D].成都:西南交通大学,2008.

[51] 何川,张建刚,杨征.层状复合地层条件下管片衬砌结构力学特征模型试验研究[J].岩土工程学报,2008(10):1537-1543.

[52] 秦利平.浅析大断面铁路隧道土石分界地段施工技术[J].建设科技,2016(11):157-158.

[53] 朱望瑜.太中银铁路土石分界地层隧道施工工艺参数选择和优化[J].现代隧道技术,(5):90-97.

[54] 熊良宵,杨林德.隧道开挖面接近地质界面时围岩位移特征及其影响因素分析[J].中国铁道科学,2009(01):65-72.

[55] 黄彬.大断面黄土隧道土石分界段施工技术[J].现代隧道技术,2013,50(1):138-142.

[56] 尚艳亮,隆卫,刘宝奎,等.上软下硬大跨隧道变形数值分析与规律研究[J].公路,2017(09):267-272.

[57] 喻军,刘松玉,童立元.半硬半软岩隧道塌方的力学特性及处理方法分析[J].工程地质学报,2009(02):121-125.